班级管理那些事儿

戴翠香 著

中国海洋大学出版社
·青岛·

图书在版编目(CIP)数据

班级管理那些事儿 / 戴翠香著. —青岛：中国海洋大学出版社，2020.7

　　ISBN 978-7-5670-2533-2

　　Ⅰ.①班… Ⅱ.①戴… Ⅲ.①中小学－班级－学校管理 Ⅳ.①G632.421

中国版本图书馆 CIP 数据核字(2020)第 132810 号

出版发行	中国海洋大学出版社		
社　　址	青岛市香港东路 23 号	邮政编码	266071
出 版 人	杨立敏		
网　　址	http://pub.ouc.edu.cn		
电子信箱	oucpublishwx@163.com		
订购电话	0532－82032573(传真)		
责任编辑	王　晓	电　　话	0532－85901092
印　　制	日照日报印务中心		
版　　次	2020 年 8 月第 1 版		
印　　次	2020 年 8 月第 1 次印刷		
成品尺寸	148 mm×210 mm		
印　　张	6.25		
字　　数	209 千		
定　　价	28.80 元		

发现印装质量问题，请致电 18663037500，由印刷厂负责调换。

  习近平总书记在和北京师范大学师生代表座谈时曾说:"教师重要,就在于教师的工作是塑造灵魂、塑造生命、塑造人的工作。一个人遇到好老师是人生的幸运,一个学校拥有好老师是学校的光荣,一个民族源源不断涌现出一批又一批好老师则是民族的希望。"那什么是好老师?习近平总书记也说过,做好老师,要有理想信念、道德情操、扎实学识、仁爱之心,把自己的温暖和情感倾注到每一个学生身上,用欣赏增强学生的信心,用信任树立学生的自尊。虽说"经师易求,人师难得",但我们作为一名班主任,既应该是"经师"和"人师"的统一,又要精于"授业"和"解惑",更要以"传道"为责任和使命,让孩子能主动、愉悦、高效、优质地学习。

  作为一名长期工作在一线的班主任,我们要从思想上找准定位,确定方向,把握目标,也就是说要有职业的使命感、高度的责任感、坚定的道德观。"师也者,教之以事而喻诸德者也","师者,人之模范也"。作为教师的我们,只有先从思想上意识到自己所从事的这份职业是与众不同的,是神圣的,才能培养出具有爱国精神的孩子,才能培养全面发展的社会主义事业的建设者和接班人,才能培养出一代又一代拥护中国共产党领导和我国社会主义制度、立志为中国特色社会主义事业奋斗终生的有用人才。

  教师并不是一份普通的职业,它区别于其他流水线般的职业,因为我们所面对的工作对象不同。工人面对的是产品,而老师面对的是一群孩子,他们不是物品也不是机器人,他们有思想,有能力,他们是祖国的未来、民族的希望。教师的工作是塑造灵魂的工作。因此,教师这份职业,已不单纯的是一份养家糊口的职业,而是一份提高国民素质、影响国家未来的职业。2015年的5月4日,习近平总书记在北京大学英杰交流中心参加座谈会,曾谆谆告诫青年学子:"人生的扣子从一开始就要扣好。"作为班主任的我们,就是引导孩子们扣扣子的人。

一个班的孩子对于教师来说,或许只是其中一批学生,送走一批还会迎来下一批,所以有时候教师会有点麻木,会感觉到孩子就像教育教学流水线上的产品。然而事实却并不是这样,因为对于每一个学生的家庭来说,孩子就是他们家庭的未来,是他们家庭的希望,影响着他们家庭后半生的生活质量;对于国家来说,他们就是祖国的一代建设者,肩挑责任与重担,要成为实现中华民族伟大复兴的生力军,肩负起国家和民族的希望。他们已经不仅仅是教师的一批批学生了。

"才者,德之资也;德者,才之帅也。"人才培养一定是育人和育才相统一的过程,而育人是本。人无德不立,育人的根本在于立德。这是人才培养的辩证法。我们国家需要的是人才而非人才,人在前,才在后,也就是说我们先要培养他们成人,再培养他们成才。社会主义建设需要的是一批明大德、守公德、严私德的有为青年。如果教师为国家培养出了一批批人才,那孩子们就会成为德智体美等方面全面发展的社会主义事业的建设者和接班人、民族的未来、国家的希望;如果教师培养的是一批批"才人",那有的孩子就是"危险品",他们会为了一己之私而做出有损人民和国家的事情,如成为电脑黑客、网络诈骗者,这些人利用自己的才华去犯罪,使人民、国家损失了很多财产。这就是"才人",他们确实有才华但没有为人民造福,所以他们是一批危险品。

习近平总书记在北京八一学校与教师座谈时曾说:"广大教师要做学生锤炼品格的引路人,做学生学习知识的引路人,做学生创新思维的引路人,做学生奉献祖国的引路人。"因此,教师应该在思想上意识到,我们所面对的对象是国民。我们选择了教师这个职业就等于选择了奉献。我们希望自己的孩子遇到一位什么样的老师,就要努力去做一位这样的老师。为了不负所托,我们一定要像习近平总书记说的那样,有正确的理想信念。正确理想信念是教书育人、播种未来的指路明灯。通往未来的路,永远不可能一路畅通,总需要人去探索。一名好老师,应该把"传道"之"道",蕴含在"授业""解惑"的过程之中,用正确的方法诠释科学的理念,以自身的理解去诠释和传播中华优秀传统文化,汲取世界文明,从而培养出真正的建设者,用行动助力中华民族伟大复兴中国梦的实现。好老师应该懂得,选择当老师就选择了责任,就要尽到教书育人、立德树人的责任,并把这种责任体现到平凡、普通、细微的教学管理之中。正是因为爱教育、爱学生,很多老师才有了用一辈子备一堂课、用一辈子在三尺讲台默默奉献的力量,才有了在学生遇到危难时挺身而出的勇气。让我们努力去做一名好老师,帮助学生筑梦、追梦、圆梦,让一代又一代年轻人都成为实现民族梦想的正能量。我们是孩子的镜子,孩子是我们的影子。只要站在孩子面前,我们的教育就开始了。我们的一言一行,一举一动都对孩子产生着巨大的影响。

我在给幼儿园家长做幼小衔接的培训时,我的一位学生家长向她的朋友这样介绍:"一定要请假去听戴老师上课。听她一节课,胜过教朵朵十年。戴老师总能把最简单的事情讲出人生的大道理,还会发现每个人自己都不知道的闪光点。"

我的学生婧涵是这样写的:

我的理想

理想是一个人悠久的梦,是实现自己人生价值的标签,更是自己努力成果的见证。我的理想就是成为一名像戴老师那样的教师。

从五年级转到了这个班级,我在戴老师的帮助下从一个不善言谈的学生,逐渐融入了这个大家庭。这其中虽然有很多人的帮助,但其中最必不可少的还是戴老师一次又一次的教诲。

戴老师对学生十分喜爱,讲课时十分生动,经常让我听得入了迷,让我忘记了时间。她不仅是一名语文老师,更是我人生的导师。她几乎每天都会给我们讲一些小故事,不仅让我们了解很多新闻,丰富了知识量,还引导我们思考其中的意义,体会故事的真理。不得不说,这可真是"一举四得"呢!我觉得这些甚至比课本内容还重要。现在,我每周都会抽出一段时间和妈妈一起学习"学习强国",看看新闻,学习习总书记的讲话,无形中加深了对祖国的热爱,指导自己用实际行动向祖国献礼。以前,听国歌是形式,现在听,我仿佛看见了中华人民奋力抗争的场面,每当这时,我会不由自主地吟唱起来:"起来,起来,起来……"

戴老师用她那一颗充满责任、慈悲、严厉、创新的心与她独一无二的人格魅力深深感染了我,她就是我的偶像,是我实现人生价值与理想的定位。幸福都是奋斗出来的,我要向戴老师看齐,实现这个简约而不简单的理想!

最好的教育是顺其天性、发挥潜能,成为最好的自己。看着孩子们一张张天真、肆意的笑脸,我做到了。

孩子们的眼睛是干净而又敏锐的,我们的一举一动、一点一滴都在影响着他们。孩子的模仿能力极强,甚至胜过优秀的演员。可能有时老师不经意的一句话、一个动作都会成为孩子模仿的样板,并在他们的行为中反射出来。老师在孩子面前有怎样的表现,孩子就用怎样的行为习惯来"复印"我们。

作为一名教师,我时常感觉身上的担子沉甸甸,就像习总书记所说的,"青年一代生逢其时,也重任在肩"。我们作为老师更是如此。我们作为老师所能做的就是教育好孩子,教他们认识祖国、热爱祖国、建设祖国,不能把教育仅仅当作一种责任,一项工作,要认识到教育不是高分的培养,不是考核的优秀,而是一项伟大而崇高的事业,需要一种情怀。

让我们带着一种情怀投入教育事业,让平凡的教师岗位有情有爱、有乐有趣。

班级管理篇

我是如何进行班级管理的 / 2
表扬的魅力 / 14
批评的艺术 / 19
家校合作之分散式 / 27
家校合作之家长会 / 35
关爱他人是一种能力——记"我是快乐小鱼仔"游戏 / 48
这样培养班干部更有效 / 60
善用眼睛 / 68
学会欣赏别人 / 72
爱的滋养 / 77
赞美别人是一种气度 / 83
故事的力量 / 86
善于学习,不断学习 / 90
言传身教 / 92
直面问题,正面剖析 / 93
转化后进生 / 95

习惯养成篇

习惯养成之课堂常规 / 106

培养习惯从游戏开始 / 112
  习惯养成之卫生习惯 / 117
  路队从喊口令开始 / 123

班队会设计篇

一年级
  "一起玩游戏"主题班队活动设计方案 / 128
  "游戏变变变"主题班队活动设计方案 / 130
  "游戏变变变"主题班队会实录 / 132
  行走在新基础教育的路上 / 135

二年级
  "走进传统节日"主题班队活动方案 / 137
  "走进重阳节"主题班队活动方案 / 139
  "走进传统节日"主题班队会实录 / 144

三年级
  好习惯伴我成长——走近动物小说家沈石溪 / 152
  "寒假生活,缤纷多彩"活动设计方案 / 154

四年级
  "我的工作我总结"主题班队会活动设计方案 / 157
  "我的班级我管理"主题班队会活动设计方案 / 160
  "我的工作我总结"班队会活动总结 / 162
  我的工作我总结 / 164

五年级
  "多彩体育节,和美做运动"活动设计方案 / 169
  "多彩体育节,和美做运动"活动策划书及调查表 / 171

六年级
  "清明时节缅怀先烈,红色精神我们传承"主题班队会实录 / 172
  红色精神,我们传承 / 186

班级管理篇

我是如何进行班级管理的

习近平总书记说:"广大教师要做学生锤炼品格的引路人,做学生学习知识的引路人,做学生创新思维的引路人,做学生奉献祖国的引路人。"习总书记还说过,一名好老师要有道德情操、理想信念、扎实学识、仁爱之心。

作为一名班主任,思想上的高度决定了带班的理念或者说为人处事的方法,因为我们的一举一动孩子们都在偷偷模仿,我们对孩子的影响潜移默化,所以要帮助孩子形成正确的人生观、价值观、世界观。

当今时代是一个知识和信息高速发展的时代,是社会在不断变化的时代。时代的发展变化需要有素质过硬、品质过硬的人才,要将学生培养成为高素质的人,班主任的工作显得尤为重要。因此,作为一名班主任,在班级管理、班级建设、班级规划等工作中,要注重培养学生各方面的能力,以提高学生的素质。下面是如何进行班级管理的做法。

一、营造家的氛围

家是温暖的港湾,它带给人们的感受是温暖;家是永远的岸,它带给人们的感受是魂牵梦绕和永远的牵挂。家是一把育树的黄土,是一点柔和的荧光,是一把慈爱的花伞,是天边一抹最美丽的云彩。家有如此大的能力,那为什么不把自己的班级也营造成一个和谐温馨的家呢?所以,我们要致力于把一个班集体营造成一个"家",一个大家都热爱的家,一个让人汲取温暖享受呵护的窝,一块需要责任感恩的田。

这个"家"不仅要有好的家风、家规,还要帮助学生养成健全的人格,形成良好的行为习惯,而要达到这一目标离不开和谐、健康的集体环境。班级是学生学习、成长的基本场所,自然就成为达到这一目的的主阵地。

1. 立"家规"

"家规"即班规,有了良好的民主班级管理体制,孩子们才能形成好的习惯。

班规要目标明确,短小精悍。每接一个班级,我都会和孩子们一起讨论立下班规。班规的条目不要多而要精，要容易懂，容易记，还要符合学生的年龄特点。学生以此为准绳，严格要求自己，用此导行。如一年级刚入学的孩子们，我就和他们一起讨论，"我们已经长大了，不是幼儿园的小宝宝了，自己能做的事情自己做，这样就不给别人添麻烦，因为路要自己一步一步走，饭要自己一口一口吃，没有人会替着我们长大"。所以"不给别人添麻烦"就成了孩子们的目标，也成了孩子们做事情的准则。

曾有个小男孩在上体育课时，被另一个孩子把小拇指踩出了血。小男孩没有告诉我，只是自己悄悄跑到了医务室，让老师帮着擦点药水消毒。医务室的老师打电话通知我，我才知道。后来我问他原因时，他告诉我不想给老师添麻烦，自己能做的事情自己做，再说另一个孩子也不是故意的。听着孩子的话，我非常感动。这孩子真善良。后来，慢慢地，班里的许多孩子都形成了这样的习惯。如果孩子之间出现矛盾或纠纷，有的孩子就会说："快算了吧，他又不是故意的，不要给老师添麻烦了。"因此很多孩子们之间发生的小矛盾、小摩擦就这样解决了。比如孩子们不小心摔倒了，就会互相帮助擦擦药水等。但是也要注意一点，一定要跟孩子讲明白，不给别人添麻烦并不是事事都不要计较，不告诉老师，因为有的事情并不是孩子所能解决的。我一般会告诉孩子，当出现问题时，要先自己想办法，实在想不出办法了，一定要学会寻求帮助，因为寻求帮助也是一种解决问题的办法，但不能事事都寻求别人的帮助来解决。这是我和孩子们讨论的第一条班规。

第二条是要做一个遵守规则的人。为了让一年级的学生明白什么是规则，为什么要遵守规则，我一般会从生活中找他们熟悉的例子，最有用的就是交通规则。这是孩子们天天会遇到的。我们只要问孩子，爸爸妈妈在公路上开车时，遇到红灯时要怎么办？孩子们会说"停下"。这个时候我们要接着追问，为什么要停下呢？孩子们的答案五花八门，但是肯定会有孩子说红灯不停会被扣分罚款。有孩子说这个答案时，我们一定要马上给予肯定，然后告诉他："对的，红灯亮了我们一定要停下来。什么时候才可以开呢？"有的孩子会回答绿灯。"对，这就是交通规则。如果违反了交通规则，就要受到惩罚，有的时候还会发生重大的事故。那学校的规则是什么呢？比如上课铃声响了，我们就要马上回到座位，等待老师上课。下课铃声响了，我们就要下课，做好下节课的准备，这就是规则。每个人都要遵守规则。"到了高年级，我们可以根据班级孩子的情况，适当加一点内容。

2. 树"家风"

这里的"家风"，就是班风。

中国是礼仪之邦，五千年的文化传承至今，深深铭刻在中国人的心中。每个家都有家训、家规、家风。俗话说得好：无规矩不成方圆。从孟母三迁到岳母刺字，好的家训、家规、家风不仅承载了祖祖辈辈对后代的希望，对后代的鞭策，也同样体现了中华民族优良的民族之风！

每一个家庭都有淳朴的家风，每一个家长都会以自己体悟出来的处世之道教育孩子。家是孩子成长的第一空间，孩子身上处处烙有家风的印记。可以说，家风就是文化和道德的言传身教，是智慧和处事方略的潜移默化。同样，一个班级的风气也会对孩子有深远的影响。

有两群鸭子，其中一群特别能下蛋，每天可以下一只大大的蛋；另外一群则非常懒，两天或三天才下一只普通大的蛋。这两群鸭子各自生活，互不干扰，各有各的池塘和草地，各下各的蛋。一天，懒鸭子群当中的一只鸭子来到了勤奋鸭子群中，这里的一切让它非常惊奇。鸭子们竞争下蛋的场面非常热烈，每只鸭子对下蛋都非常有激情，非常积极，恨不得下出一个创吉尼斯纪录的鸭蛋或者双黄蛋来好让人刮目相看。这给新来的鸭子留下非常深的印象，于是，它决定留下来，像别的鸭子一样天天勤快地下蛋。一个月以后，它成功了。它每天也可以下一个又大又白的鸭蛋来。

环境可以改变一个人。如果在一个积极向上的群体里，受到周围的人感染，他也会努力勤奋起来。但如果生活在一个散漫懒惰的群体里，一个优秀的人也会变成懒汉。如果他不能改变这个群体，那么就要被这个群体同化。人总是有惰性的，当周围的人都不思进取沉迷于安乐，对工作得过且过，没有计划性，没有长远性，没有良好的执行力，组织松散无序，在这种环境感染下，再勤快的人也会变成一个庸碌无为的人。

苏霍姆林斯基说："要记住，你不仅是教课的教师，也是学生的教育者、生活的导师和道德的引路人。"因此，教师的一举一动直接影响着一个班级的孩子，孩子又互相影响。

在我们的班级中，如果有人问孩子：戴老师最讨厌什么？孩子们会说："撒谎。老师告诉我们做人一定要诚实，做错事情不能撒谎，只要想明白自己错在哪里，然后改正就可以。"记得有一次，有几个孩子在别的课上讲话,当我询问有哪些同学说话时,几个孩子站起来了。我让他们互相看看还有没有不自觉的、不诚实的同学,有同学马上把博博点了出来。他自己大声嚷嚷着没说话。我没说话,他的回答引来很多同学的反驳。我也不讲话,只用眼睛盯着他,后来他羞愧地低下了头。我让其他同学都坐下,告诉他们下不为例,然后把这个孩子单独叫出教室,问他,老师为什么单独找他。他自己很明白,因为撒谎了。于是我就问他为什么要撒谎,为什么要找理由、找借口。孩子回答说怕被批评。然后我问孩子:"你从别的学校转来的时候我有没有告诉你,老师最讨厌的是什么?"他说:"是不诚实。"我说:"对,那你为什么还要撒谎,我有没有告诉你做错了事情不要害怕,不要逃避,只要想办法解决就可以了。"他不好意思地点点头。于是,我问他原因。他说以前老师都是直接批评的。听了他的话,我哭笑不得,然后再一次告诉他,做错了事情一定要大胆承认,然后积极改错,不要为自己找理由找借口,所有的理由和借口都是为了掩盖自己犯错误的事实,那是一种逃避责任的表现。人要敢于承担责任。他重重地点了点头。我说:"你今天撒谎,不诚实,逃避责任所以才会被老师批评。那么从今天的这件事情中,你知道了什么?"孩子很诚恳地说:"以后做错事情一定要大胆承认,要想办法解决而不能逃避,不能总是给自己找借口。"我肯定了孩子的想法,然后让他进教室。他进教室之前,向我深深鞠了一躬,说"谢谢老师"。

在此,我特别想提醒老师们,如果孩子犯错了,我们批评他们时,一定要让孩子明白为什么批评他。我所采用的方法就是问他"从今天的这件事情中,你明白了什么?"总之,一定要让孩子明白,教育的目的不是因为犯错而批评他们,而是为了让他们以后不要再犯错。也告诉孩子们,犯错没关系,注意不要犯同样的错。犯了同样的错也没关系,一定要知道自己为什么又犯错。这样,时间一长,孩子们面对自己犯下的错误时,都会勇敢承担责任。一种良好的氛围就形成了,同学之间也会互相影响了。

除此之外,像"心存善念""要有一颗柔软的心""心中要有大爱""要有一颗感恩的心""我们只有现在努力学习,将来才可以骄傲地活着"等话语都是我经常对孩子说的,但在说的时候一定不要空口讲大道理,而要结合故事来与他们交流。我记得,当学生毕业时,我跟他们聊天,问记住了哪些故事。孩子们异口同声地说"大象报恩",因为那个故事很感人。我在给孩子讲的时候都把自己讲哭了,孩子们听了以后非常感动。就是在这样的"家风"影响下,学生都非常善良,乐于帮助别人。

曾有老师告诉我:"戴老师,你们班孩子真好。今天我抱着一堆东西往上走的时候,两个孩子都过来抢着帮我。"听后我们都哈哈大笑,这就是我们那班热情善良的孩子。他们看到怀孕的老师要拿或拿东西时,会一起主动上去帮老师拿;看到老师累得走不动楼梯时,会主动搀扶;遇到小同学搬书时,会主动放下自己的书包去帮忙;更不用说下雨天主动为没带伞的老师、同学撑伞,见到老师都会主动敬礼问好……还有一个老师非常感动地对我说:"戴老师,今天在你们班听课,我的手机掉在地上,有个孩子帮我捡起来双手递给我。他们怎么那么好。"老师在录课时,因为忘了一个环节,孩子们出声安慰说:"没关系,老师,您别紧张,我们再来一遍。"这就是环境的影响,这就是"家风"的作用。这群孩子温暖了许多人的心,因为他们说:"我们自始至终记得老师说的,要有一颗柔软的心。"他们不会因为哪个同学不好而嘲笑他,反而会经常对他说"来,我帮你吧";他们不会因为自己苹果的大小而争论,反而会说"我这个大给你吧";他们不会因为缺少一份饭后甜点而去争抢,反而会说"先把我的给你吧,我一会儿再去拿一份"。

读毛姆的小说看过这样一段情节:种花老人桑迪·巴雷特正准备回答儿子"如何做人"的提问时,却发现儿子脚下踩翻了一盆玫瑰。老人说:"你踩伤了玫瑰,玫瑰却给你的脚底留下了清香!"儿子似有所悟地脸红了,老人挥了挥手说:"去吧,为他人开一朵花!"

"为他人开一朵花"这句话成了英国一代青年做人处世的格言,也成了我给孩子们经常说的话。

一年冬天,一个家长跟我发信息说:"今天,孩子在家做了一件事情,我们非常高兴,表扬了孩子。但孩子对我们说,这些都是戴老师教我们的。"家长向我表达了感谢,其实这就是"家风"的影响。

3. 明"家训"

家训是一种潜在无形的力量,在日常的生活中潜移默化地影响着孩子的心灵,塑造孩子的人格,是一种无言的教育、无字的典籍、无声的力量,是最基本、最直接、最经常的教育,它对孩子的影响是全方位的,每个方面都会打上家风家训的烙印。由此可见,良好的家风家训对孩子的影响是巨大的。梁启超一共有9个孩子,"一门三院士,满庭皆才俊"说的

就是他们家。"最强老爸"梁启超到底是怎样教育孩子的呢?他的很多理念现在依然不过时,值得我们学习:

1. 莫问收获,但问耕耘
2. 不要填鸭式的教育
3. 与子女做朋友
4. 做家长要有趣味,养出的孩子才能有趣味
5. 做人要有几分"孩子气"
6. 做学问总要"猛火熬"和"慢火炖"交替循环
7. 做官不是安身立命之所
8. 尽责尽力,就是第一等人物
9. 对于功课绝不责备
10. 通达、健强的人生观,是保持乐观的要诀

是的,梁启超践行着他的家训,所以他的孩子们如此优秀。我们也可以为班级的孩子立下"家训",这对教育学生也极其重要。教师不能只依靠单纯说教,大道理每个人都懂,孩子们也不爱听。我所采用的方法是根据孩子们的特点,找到一些名人名言送给孩子们,以此作为"家训"。比如孩子为什么不爱学习?那是因为他不知道学习是为了什么,他总感觉学习是为了别人而学,是被别人逼着学习的。如果我们引导他们,让他们意识到学习不是为了找一份好工作,而是为了将来有更多的选择,是为了自己将来可以骄傲地活着,是为了我们的祖国繁荣富强,他们就会更明了。我们可以结合一些新闻图片事例,让孩子产生民族自豪感,体会到落后就要挨打的道理等。其实教育只需要将其内在的良知良能唤醒,而我们所要做的就是将孩子唤醒。所以,我每接手一个班,都会细心观察这个班级学生的共性问题。针对学生的共性问题,想出一句名言,送给全班学生,要求学生背过并以名言为导行,时刻指导自己的言行。对于特别自卑的学生,我送给他们"有志者,事竟成",以此激励他们;对于口头表达特别好,但不落在行动上的,我就送他们高尔基的名言"把语言化为行动比把行动化为语言要困难得多";对于习惯特别差的,我就告诉他们"养成好习惯,你一辈子享受不完它的利息;养成坏习惯,你一辈子偿还不完它的债务"。我想多年以后,我们教给孩子的知识他们不一定全都记得,但是这些名言警句肯定能记着,震撼心灵的故事肯定会记得。他们记住了,并以此为准则,将会影响他们终生,他们也会将

此传递下去。

二、多样化的管理

良好班级氛围形成了,我们还需要有一些方法来管理班级。

1. 设部长,选委员,人人有事做,事事有人管

苏霍姆林斯基说:"追求理想是一个人进行自我教育的最初的动力,而没有自我教育就不能想象会有完美的精神生活。我认为,教会学生自己教育自己,这是一种最高级的技巧和艺术。"陶行知说:"教是为了不教。"魏书生认为:"管是为了不管。"其思想从根本上说,是要充分发挥学生在教育管理中的主体作用,做到"管放结合"。

班级管理工作的对象是活生生的、正处于成长发展中的学生。实际工作中,班主任要"管"的方面很多,小到学生的坐立行走、穿着打扮,大到学生的思想动态、前途命运,以及班级的建设与发展。许多班主任满腔热情,事必躬亲,早晚跟班,无所不管,甚至充当着"管家""警察""保姆"等多重角色。这种管理有其利,但弊大于利。管得过多过死,容易造成学生依赖性强,创造性、独立性差,缺乏自我教育与自我管理能力,不利于其自身的完善与发展,也容易使我们陷于杂务,疲惫不堪。因此,作为一名班主任,要想做到"管"和"放"自如,就要充分调动学生参与班级管理的积极性与自主性。

为了达到学生自主管理的目标,我与孩子们设立的班级目标是"我的班级我做主",提高全部学生参与班级管理的意识,提高学生自我管理的能力,让学生的自我约束能力与自我管理能力成为一种习惯,做到老师在与不在一个样儿,同学管与不管一个样儿。小班干部们能明确各自的职责,自主行使权力,真正成为班级的主人,还权力于学生,将班级工作有声有色地开展起来。为了达到预期目标,我采用了"给人自由,任其选择"的方法,从以下几个方面入手,做了以下工作。

(1)首先在班级中设立7个部门:管理部、学习部、纪律部、宣传部、体育部、卫生部、后勤部,利用班会课将岗位设置向学生讲明,然后让学生根据自己的意愿,写竞选稿,自己上台竞选。全员参与,在第一轮选举结束后,36名同学有了合适的岗位。为了让剩下的9名同学也找到自己合适的岗位,我让学生根据本次活动,写出自己的参与感受并向学生提议,根据班级的需要还可以增设哪些岗位。学生态度积极,纷纷提议

可以增设桌椅监督员、抽屉检查员、疏通组等。在同学们的建议下,我们又将卫生部、后勤部、纪律部、宣传部进行了扩展,在班级进行了第二次竞选,将桌椅监督员、抽屉检查员纳入卫生部,后勤部又分为餐厅组、财务组、维修组,将疏通组纳入纪律部,宣传部又专门设立了一个新闻组、宣传组、策划组(征集金点子)。经过两次竞选,我们做到了班级中"事事有人管,人人有事做"的状态,全班的同学都参与了班级管理。

(2)各部门树立目标,明确任务,分工到人。为充分调动学生自主管理的积极性,达到"我的班级我管理"的目的,我指导每个部门的同学对自己的部门工作进行了分工。各部门设立目标,明确自己的任务。为实现自己的部门目标,每个部门组织同学进行讨论,然后对组内的人员进行具体的分工,将责任明确到人。几易其稿,才形成现在的计划。每个部门根据自己的目标和责任在班里开展各种活动,如体育部专门负责训练各种路队,提高学生的身体素质,管理学生跑操的质量和纪律,并利用体活课进行各种练习,跳绳,打沙包等;宣传部负责办黑板报和给同学读成语小故事或神话故事等,丰富学生的知识;学习部以提高语文素养,提高学生学习兴趣为目标,分期开展工作,如举办百词过关、背诗比赛、读书交流会等活动,这样的活动充分调动了学生的积极性,提高了学生学习的积极性;管理部的同学主要负责协调各部门的工作及对各部门进行评比,并根据各部门上报的计划及活动协调安排。

(3)制定评比标准,并成立奖励基金。各部门根据自己部门的任务,开展评比工作,将班级每个部门的每个人员的每项工作都进行了评比,并对获胜者进行奖励。后勤部专门派人管理基金,基金来自同学们在家额外劳动所得款,捐款的钱是同学们自己通过劳动挣得的。

班级这些活动的开展,极大地锻炼了孩子们的能力。孩子们的热情空前高涨,都以主人翁的身份参与班级管理。其中令我感触最深的就是学生参与竞选后的感受与表现,有的孩子在日记中写道:"那一刻的开心只有我自己知道""我可真不容易,紧张得直打哆嗦"。还有一个同学是这样写的:"终于,我尝到了成功的喜悦!"看着孩子们那充满热情的面孔,我虽然很累,但是真的"累并快乐着"。以前班级出现问题时,只有那些热心的同学在张罗,而现在地面纸花有人捡,桌子歪了有人摆,路队不齐有人提醒。原本比较羞涩的小添和维维,上课发言不积极,就连受到表扬也会脸红,在班级工作的开展过程中,因为担任了体育部长的工作,能力得到了极大提升,在班级以部门为单位开展的品德与社会的讲课活动中,他们俩的表现得到了全班同学的表扬,并代表班级向兄弟班级传授了讲课经验。他们的发言得到了兄弟班级同学的认可,同学们纷纷表示向这两个小老师学习。这种"给人自由,任其选择"的班级管理新做法,取得了可喜的成绩。

为了让孩子们自始至终保持这种积极性,为了让更多孩子得到锻炼,在开学初我又让学生进行轮岗,但还是"给人自由,任其选择",我让原先的7个部长荣升为岗位小导师,分配到原先部门去指导工作,每月轮流一次,隶属于管理部。原来的管理部成员自愿竞选到别的部门,同学们可自由竞选部长,自由选择新的成员。整个过程充分让学生自主选择,自由竞争,充分发挥孩子的主动性。

这些举措充分调动了每个孩子的积极性。海军成立70周年的时候,那个在学习上比较懈怠的裕裕同学,回家查资料做了一个有关海军的PPT,然后利用午休的时间和同学们分享,孩子听得很认真,从中也收获了不少。这就是热爱的魅力吧。

有个关于"热爱"的故事。美国西部电器公司委托著名的梅奥教授,希望他能使下属的一家工厂里的女工提高生产效率。由于这些工人从事的是非常单调的电磁铁绕线圈的工作,梅奥提出,下午让工人们有10分钟喝咖啡的休息时间,结果产量立刻增长。这时,梅奥在上午也给工人10分钟喝咖啡的休息时间,生产再次增长。

梅奥没有就此罢手。他宣布取消下午的休息时间,产量仍在增长;接着他又取消了上午的喝咖啡时间,但是产量继续增长着。工人们没有抱怨和怠工。这是为什么呢?

这项工作的确单调枯燥。有了休息后,工人们都喜欢这一段轻松愉快的时间,他们互相说笑着,谈论着感兴趣的话题。当听到梅奥解释他们在参与一个实验,他们感到自己正在一个有意义的程序中工作,有光荣的参与感。不知不觉中,他们爱上了这项工作,爱上了这个集体。

于是这推动了工业心理学一个新的探索:热爱或兴趣似乎比休息、增加报酬等更能提高人们的生产力。热爱让我们无论身处什么样的环境,精神都住在一个自由、美丽的地方。热爱应该成为我们的生存内容之一。所以我们通过一些活动,让孩子热爱班集体,热爱学校的生活,他怎么会不爱学习呢?

2. 画班徽,编班歌,健康文化润心田

为营造健康快乐的班级文化氛围,增加集体凝聚力,提高孩子策划能力,我们带领学生设计班徽,创编班歌。2019年的班徽就是家长和孩子一起设计、讨论的,看着由自己设计的班徽出现在中队旗上,孩子们高兴极了。除此,我们还要让班级的每面墙会"说话",把学生自己的画、字都贴到墙上,然后放上一些漂亮的装饰,让学生一走进教室便置身于美的环境。这种积极向上的文化氛围浸润学生心灵,熏陶学生的性情,提升学生的价值观念。

3. 设主题,搞创新,特色活动益发展

小学生的可塑性大、模仿性强,是形成良好行为和品德的最佳时期。为此,中队辅导员充分利用主题班队活动,强化队员的养成教育,树立良好的班风。

以"一起玩游戏"为主题开展的系列活动,培养了学生在一年级时需要养成的规则意识,"游戏变变变"将传统的游戏注入新的活力,丰富了学生的课间活动,养成了有序游戏的好习惯。以"走进传统节日"为主题开展的系列活动,让学生在二年级初步了解传统节日的文化,感受到祖国灿烂的民族文化,并培养了队员的小队合作意识,增强了亲子互动。以"我的班级我做主"为主题开展系列班队活动,让学生在三年级实现了个性发展、自主管理的目标,培养了一批素质高、能力强的班干部。

马卡连柯曾说过:"要注意在集体活动中教育学生。"班级活动往往能自然而然地塑造学生良好的心理品质,对于学生而言,喜欢竞争性、参与性活动是一种天性,对克服学习困难、追求成功的学生来说,增加活动环节更是一种疏导式的寓教于乐的教育。

4. 请进来,走出去,实践活动促成长

为了使这批"00后"的孩子学到课堂上学不到的知识,我又采用了"请进来,走出去"的方法,开阔了学生的视野,极大丰富了学生的课余生活,增长了学生的见识。

我邀请现役军官对学生进行行走、坐、站立等姿势的规范训练,看似简单的动作,真正做好却并不容易。学生切身体会到部队的严明纪律和细致管理。我邀请海军教官普及科普知识,开展了关于核潜艇的讲座,学生特别兴奋和认真,学习了课本上学不到的知识。我组织学生参观温馨巴士汽车东站,他们详细了解了公交车运行中的盲区、遇到危险后如何使用逃生锤等安全知识,丰富了乘车知识,提高了学生的应急安全能力。卫生部和纪律部的拓展活动"网络的利弊",让学生明白网络有诸多的好处,如网上购物,还可以听音乐、看电影、画图画……但也有很多危害,要合理上网。他们参观了生物能源所,知道了科学工作者严谨认真的工作态度,也了解了现在科技的发展情况。

学生在广场进行了卖报活动,既锻炼了勇气和能力,又能为母亲节活动筹备经费,并开展了"让爱天天住我家"活动。同学们用自己辛勤卖报赚来的"工资"购买了制作手工纸花的材料,在母亲节来临之前送给妈妈们一个惊喜。家委会的妈妈们教同学们制作玫瑰花。玫瑰花虽小,制作工艺却不简单,一双双灵巧的手小心翼翼地粘贴着每一片花瓣,把对妈妈的爱都包裹在玫瑰花里。学生还精心制作了小卡片,写上悄悄话,送给亲爱的妈妈们。

母亲节的活动也启发了楚宸的妈妈,她主动提出教孩子们制作手工领带,作为父亲节的礼物送给爸爸们。同学们亲自为爸爸们设计领带,别出心裁的图案和颜色都是由他们自己完成的。礼物虽小,却承载着孩子们满满的心意。孩子们走出去的实践活动丰富多彩,他们不仅利用节日为自己的爸爸妈妈送爱心,还在老人节为敬老院老人送温暖;他们去自来水厂参观,了解了自来水是如何进到千家万户的;他们到小区捡拾垃圾,去海边除浒苔等。这些活动的开展增强了孩子的环保意识。家委会的妈妈帮助孩子进行实践活动,让孩子到图书馆去当小小志愿者,到幼儿园里去体验老师的角色,这样开阔了学生的视野,丰富了学生的课余生活,增长了学生的见识,提高了学生各方面的能力,实现了高效的教学效果。

三、别样奖励,多元评价

1. 弱化成绩,强化学生的集体荣誉感

我们班有一条不成文的规则,那就是每个孩子不比分数,只比每个孩子的学习态度,比上课的状态,比作业完成质量,比书写的认真程度,比回答问题的完整性,拿今天的自己和昨天相比……这样的比赛,弱化了学生对于学习成绩的关注,转而调整自己的学习状态。

2. 小目标、快步走

我们用欣赏增强学生的信心,用信任树立学生的自尊,为学困生量身定做目标,如每节课回答一次问题,记住一个生字等,如果完成就给予奖励。然后我们就慢慢给这些学困生提高要求,由每天记一个字变为记三个字或是五个字。就这样设计小目标,让孩子充分体会到成功的快乐,保持学习的积极性。学生每天的记字量不多,但是天天都有,就减少了畏难情绪,提高了学习的积极性。

3. 星级作业评定

取消作业等级的评比。对于学生的作业,我从不给他们打 ABC 等级,只是会在孩子们的作业本上相对应地画星,完成的作业质量高,得星的个数就多。这样的星级评定作业,减少学生对等级的关注,激发了学生主动学习的意识。

4. 别样化的奖励

学生在课堂上或平时的一日常规中有进步,或作业得星最多,我就会奖励孩子,用往黑板上写课题等方法进行激励。这些别具一格的方法往往会激发学生的参与积极性,学习效果非常好,实现了高效减负增质的目标。

5. 通过作业、习作等增进师生间的了解与沟通

语文老师有个优势,可以从作业中了解学生心理的细微变化,从语言中了解班级的动向,拉近师生的心灵距离。不过要充分尊重学生的人格,让学生信任你,告诉你一些"小秘密",在没有征得他们的同意之前,不要随随便便公开。通过这些方式可以指导学生正确地看待及处理一些事情。

6. 建立特别微信群

我会根据孩子的情况,把班里需要帮助的学困生建成一个名为"坚持不懈"的微信群,每天在群里监督学生的作业,帮助学生解疑答难;对于优秀的学生我会建立名为"更上一层楼"的微信群,让学生在群里互相学习,互相促进。

花是世界的春色,花是人间的温馨。躺在病房中,友人送来一束鲜花,你会顿感春意融融;晚会上登台唱支歌,儿童献上一束鲜花,你会倍加欢欣鼓舞。人在旅途,孑然落寞,路旁一朵花儿向你颔首,会驱走心灵的孤独……为了让每一朵花更好地绽放,我将继续上路,接受挑战,抓住机遇,为教育事业创造一个更加崭新的明天。

表扬的魅力

清代俞樾讲了这样一个有趣的故事。有个京官要到外地任职,离京前去和他的老师告别。他的老师说:"外面的官不容易做,应当谨慎些。"那人说:"我准备了一百顶高帽,逢人就送他一顶,应当不至于有意见不合的人。"老师生气地说:"我们以正直的原则侍奉上级,为什么需要这样呢?"那人说:"天下像老师您这样不喜欢戴高帽的人,能有几个呢?"老师点了点头表示赞同:"对极了。"那人出来后对别人说:"我原来有一百顶高帽子,现在只剩下九十九顶了。"那一顶用在哪儿了呢?他先给老师戴上了。据说,故事里的学生就是清代才子袁枚,那老师便是乾隆时的名臣尹文端。世俗之人大多喜欢被人恭维,故事中那位老师自然也未脱俗,成了典型的被"戴了高帽"的人。一个成年人都非常喜欢被别人"戴高帽",听表扬的话,更不用说孩子,因此老师也要准备100顶"高帽"随时给孩子戴上去。

一、表扬要根据实际情况

"戴高帽"有讲究。给孩子"戴高帽"需要因地制宜,不能给孩子戴虚拟的高帽,因为孩子是非常敏感的。他知道我们的表扬是真实的,还是言之无物的。对于那些言之无物的表扬,孩子非常排斥。对于这一点我深有感触,因为在我儿子和他爸爸之间发生过很多这样的事情。

儿子的英语基础不是很好,所以每次考试成绩都不是很理想。为此,他爸爸很着急,想了很多办法来帮他,但是效果不明显。有时看见孩子的成绩没有达到预期目标,他就很着急。在跟孩子交流时,他知道不能打击孩子的积极性,要多鼓励孩子,但他的鼓励对孩子来说不切实际,是虚拟的,是孩子不需要的。他经常会说:"这种事情对你来说不难,别的孩子会认为这是一件难事。"虽然爸爸也是以鼓励的语气跟孩子进行交流,但英语对儿子来说,确实有一定难度。他的基础不是很好,对于语言也不敏感,再加上还没找到适合自己的学习方法,所以每次听爸爸这样讲,他都会表现出很不耐烦的样子,说"行了行了,我知道了"。听着父子俩的对话,我反思了一下,平时在跟孩子交流时,对班里孩子的表扬是不是也这样?虽然是发生在他们父子俩身上的事情,但也让我反思。

在表扬孩子的时候,一定要根据实际情况,指出他们具体做正确的地方,这样就给孩子指明方向,让他们知道自己做得对,会得到别人的肯定。比如说孩子们课堂听讲认真,就不要直接说"你看他听得多认真",而是要说"你看他的眼睛一直看着老师";如果孩子写字,我就会说"你看谁谁谁的腰板儿多直呀""你看他的字多工整,一笔一画地写"……就这样,表扬就由比较抽象的变成了形象具体的,这样具体表扬孩子行为也让其知道做法是正确的,只有这样做才会得到别人的肯定。

孩子在做值日,或者我在教他们新技能时,初步操作他们不知道怎样做是正确的。这个时候我们就不能随意表扬他们,说"做得很好",而是告诉他哪一点做得好,哪一点怎样做就更好。拿拖地来说,有的孩子也知道应该怎样拖,但是有时候会把自己刚拖过的地踩脏,所以他们在拖地的时候,一定要给予他们明确的指导。一般情况下,我看见后会明确地告诉他们做法的对与错。如果他们做对了,我就会说"对了,很好,就这样擦";如果他们做错了,我就会明确地告诉他们"这样做不对,应该怎样做"。在孩子学习新技能时,一定要直接告诉孩子,不能视而不见。我们这样说,孩子明白自己具体应该怎样做,对于错误的地方也知道怎样去改正,明确了自己努力的方向。关于表扬,这是第一个要点,那就是对孩子的表扬一定要言之有物。

二、表扬要具体

表扬孩子一定要形象具体,而不能只给孩子一个抽象笼统的概念。小学生的抽象思维还没有形成,因此在表扬时要给予他一个具体的、形象的说法。

我善于运用手指头。我先伸出手,让学生观察我的手指头。他们在我的启发下,会发现手指头有粗、有细、有长、有短。

我问孩子们:"你们愿意做哪个手指头呢?"有的孩子选择大拇指,觉得大拇指最粗壮;有的孩子选择中指,觉得中指个头最高。当他们表达完观点后,我会对回答表示肯定,"做中指没有关系,但不要对别人竖中指,因为在很多地方,人们会认为对别人竖中指是一件侮辱别人的事情"。然后我会告诉他们,现在我对他们的喜爱是一个小拇指头上的指甲盖那么多，而我对刚刚送走的毕业生哥哥姐姐的喜爱有一个大拇指那么多。然后，我就会问孩子"你们知道为什么吗？"孩子们会说，"因为他们表现好，不惹戴老师生气"。为什么他们只有这么一点点呢？孩子们会纷纷表达自己的观点，"那是因为我们不遵守规则，总惹戴老师生气"。当孩子们说出这一点后，我会马上表扬他们会思考，然后问他们想不想让戴老师也像喜欢大哥哥大姐姐那样喜欢他们。如果孩子们异口同声地说"想"，这个时候就达到了我所要求的教育效果。我会告诉他们："如果你们遵守规则，不惹戴老师生气，那我就会慢慢地喜欢你们。如果你们现在做好了，我对你们的喜欢就到小拇指的第一个指头肚那么多了。"

在给学生提要求的时候，一定要配合具体的动作。再加上我的手势，他们听后会马上做得很好。一节课结束后，我会告诉他们，我对他们的喜欢已经到了小拇指的第一节那么多了，如果今天一天表现得好，不惹戴老师和所有今天上课的老师生气，我对他们的喜欢就会到小拇指的第二小节那么多。在给他们提这些要求的时候，一定要把手举起来，让他们清楚地知道老师所说的具体数量是多少。这样，他们对于老师提出的目标就有一个形象具体的认识，会努力朝着老师的要求去做。这个时候，就需要老师给予他们鼓励，把握每个时间节点，及时肯定他们的做法。我一般会在每节课结束时对他们提出表扬，并询问每节课的老师他们的表现，然后再根据老师提出的建议，对学生提出及时而又准确的要求，"如果你们明天也是这样的表现，老师对你们的喜欢就有一个小拇指那么多"。就这样，一天提一个具体要求。这个要求是让学生跳一跳能够得着的，他们都会很努力地朝着这个方向去做。在这一过程中，老师的表扬一定要及时而又准确。如果他们达不到或做不够，老师一定要准确地告诉他们，对他们的喜欢增加了多少或者是减少了多少，这个时候一定要举着手指头对他们说，让他们时时刻刻都有一个形象具体的概念。时间一长，他们就形成习惯，以后只要老师一举起手指头，就会去观察，自己到了哪一个手指头，就会努力朝着自己的目标去做。尽管在这一过程中，他们会出现反复的现象，但整体是进步的。这种形象化的表扬给了学生一个具体可操作的目标，他们就会一点一点进步，所以表扬需要具体，更需要智慧。

三、表扬要及时

德国教育学家第斯多惠说过:"教学的艺术不在于传授本领,而在于激励、唤醒和鼓舞。"

元旦庆祝会,家委会的家长非常热情地筹备着活动,他们请来人员教孩子们做棒棒糖。孩子对制作棒棒糖产生了极大的兴趣,大家说说笑笑,脸上洋溢着兴奋而又激动的表情,非常热闹。因为学生比较多,他们被分成了几个小组,轮流动手实验。家长给孩子们买了许多零食,还没轮到的孩子就在那里欢快地吃零食。

我也和家长一起分零食,正在手忙脚乱的时候,班里的"小淘气"辰辰把刚刚分到手的小点心送到我的眼前,低低地说了一句:"老师,你先吃吧。"

"谢谢,太感动了,就你想着先拿给老师吃。我不吃,你快吃吧,谢谢你,孩子。"我非常感动地摸着他的头说。

他听到我的表扬后很开心地回到了座位,每分到一种零食他一定会先拿上来给我。虽然我没舍得吃,但是我的心比吃了任何东西都感动,这就是孩子的感恩之心。

我让大家安静下来,然后告诉他们:"当大家都在那里开心地自己吃零食的时候,只有辰辰想着先给老师吃,先给长辈吃,这就是尊敬长辈的表现。"孩子们听到我的话后,都非常安静,随后就有很多人把手里的零食拿给老师和在场的叔叔阿姨。看着他们的表现,我非常高兴。教育就是一棵树摇动另一棵树,一朵云推动另一朵云,一个灵魂唤醒另一个灵魂。在辰辰的带动下,他们学着分享。在庆祝会将要结束的时候,我问孩子们今天的收获是什么。好几个孩子说,他们学会了吃东西的时候要先分给长辈,还有的说,学会了分享。

战国时,有一个叫惠施的人,他是当时一位有名的哲学家。惠施和庄子是好朋友,但在哲学上他们又是观点不同的对手。庄子与惠施经常在一起讨论切磋学问。他们在互相争论研讨中不断深化思考,互相学习。特别是庄子,从惠施那里受到很多启发。后来惠施死了,庄子再也找不到像他那样才智过人、博古通今、能与自己交心、驳难,使自己受益匪浅的朋友了。因此,庄子感到十分痛惜。

一天,庄子给一个朋友送葬,路过惠施的墓地,伤感之情油然而生。

为了缅怀这位朋友，他给同行的人讲了一个故事。

在楚国的都城郢地，有这样一个泥水匠。有一次，他在自己的鼻尖上涂抹了一层像苍蝇翅膀一样又薄又小的白灰，然后请自己的朋友，一位姓石的木匠用斧子将鼻尖上的白灰砍下来。石木匠点头答应了，他毫不犹豫地抡起斧头，一阵风似的向前挥去，一眨眼工夫就削掉了泥水匠鼻尖上的白灰。看起来，石木匠挥斧好像十分随意，但他丝毫没有伤着泥水匠的鼻子。泥水匠呢？接受挥来的斧子也算是不要命的，可他稳稳当当地站在那里，面不改色心不跳，泰然自若。倒是旁边的人为他们捏了一把冷汗。

后来，这件事被宋元君知道了。宋元君十分佩服这位木匠的高超技艺，便派人把他找了去。宋元君对姓石的木匠说："你能不能再做一次给我看看？"

木匠摇摇头说："小人的确曾经为朋友用斧头砍削过鼻尖上的白灰。但是现在不行了，因为我的这位好朋友现在已不在人世，我再也找不到像他那样跟我配合默契的人了。"

庄子讲完故事，十分伤感地看着惠施的坟墓，长叹了一口气，然后自言自语："自从惠施先生去世以后，我也失去了与我配合的人。直到现在，我再也没有能够找到一位与我进行辩论的人了！"

庄子和石木匠的感受向我们表明，高深的学问和精湛技艺的产生，依赖于一定的外界环境。一个人如果不注意从周围的人和事中吸取营养，他的智慧和技巧是难以得到发挥和施展的。

只要我们表扬得及时，孩子们都会学习他人所长。人之一生，机遇不同，性情各异，条件有别，机会不等。但天生其才，必有其用。只是花有早春，木有晚秋罢了。早则灿烂，晚亦辉煌。

批评的艺术

苏教版有一篇课文是《精彩极了和糟糕透了》。这个故事讲述的是巴德·舒尔伯格在八九岁的时候,写了第一首诗,母亲的评价是"精彩极了",而父亲则说"糟糕透了"。后来他又写了好多诗、小说、戏剧和电影剧本,每次母亲都说"精彩极了",父亲说"糟糕透了"。最后,他终于明白了,不管是母亲的"精彩极了",还是父亲的"糟糕透了",都是对自己深深的爱。面对同样的事情,妈妈的表扬和爸爸的批评,这两种不同的教育方式带给孩子不同的影响。孩子在成长过程中,不仅需要表扬,还需要严厉的批评。对于批评,很多人并不愿意接受。有句俗语说,"良药苦口利于病,忠言逆耳利于行"。这就告诉我们,表扬会激人奋进,批评会更令人沉思,令人的头脑更为清晰。因此,在孩子成长过程中,不仅需要表扬,更需要批评。表扬与批评需要交相辉映,才能达到更好的教育效果。只是单纯的批评,时间一长,任何人都不会乐意接受,这就需要我们有艺术地批评。根据多年的带班经验,我认为比较有用的方法如下。

一、把批评的语言改为建议的语言

虽然我从教 20 多年,但是对于教一年级来说还是个新手。记得 11 年前,我第一次当一年级的"孩子王",心里不免有些底气不足。虽然积累了一些当班主任的实战经验,但对于这些刚入校门的孩子来说,还是有点不太管用。每次看到孩子们达不到要求,我就着急也很生气。这些孩子怎么会这样呢?为什么总是记不住我说的话,达不到我的要求呢?但因为看到孩子小,也没总批评他们,怕打击他们的学习积极性。为了快速找到适合一年级的教育方法,我就向那些长期在低年级工作的老师学习,请教带班的方法,多次得到了他们的指点和帮助,我心中不胜感激。可是只向别人学习方法总是不行的,不能出了任何问题就去请教别的老师呀。班是自己的,必须自己带。因此我就开始多方面学习,读了很多书,发现专家们写的很多书都是一些理论方面的,只能从理论上启发一线的教师,对于许多新手老师来说,效果还是不理想。除了从书本上学,跟有经验的老师学以外,我留心观察孩子们的生活,用心琢磨处理问题的办法,总想找到一套适合低年级孩子的管理方法。

功夫不负有心人,一次偶然的机会,竟让我发现了带好低年级的法宝。那是一次放学送路队,我看着长长的班级队伍,心里正暗暗生气。正好迎面走来满面含笑的秀秀老师,看着我们的队伍,她大声说了一句:"一年级四班走得真好,前面的同学都跟得紧紧的,后面的这几个同学再跟上就更好了。这样队伍就变短了。"

奇迹出现了,刚才的长队伍变得紧凑了。太神奇了!这一招还真管用呀。秀秀老师没说一句批评的话,只是把问题通过提建议的方式说出来,孩子们就明白了,然后自己去改正。秀秀老师真是一位非常有智慧的老师。通过这一事例,我发现只要不断给孩子暗示,给予他们肯定,把批评的话改为提建议,孩子们会非常乐意接受,就会按老师的要求做。

二、用暗示的语言代替批评的语言

有一次,上课铃声响了,教室里乱哄哄的。我看着这样的情景,非常生气,于是大声说:"现在我要批评……"话还没结束,我看孩子们的表情不是很好,一下子想起上次放学路队的事情,于是立刻变了口吻:"我表扬……"刚才乱糟糟的场面,立刻变了样子。一个个小腰板直直的,小眼睛非常有神地看着我。

又有一次,我刚从三班下课往四班教室走,走到楼梯口,听到教室里的嘈杂声。我快步走到教室门口,发现那几个淘气的孩子正在大声说话。我一看这情景,立在门口便大声说:"戴老师走错教室了,一年级四班的孩子不会是这样的。老师不在的时候,他们也知道应该怎样做好。我退出去,重进一次。"随着我的话音落下,教室里立刻鸦雀无声,只有眼操的铃声响起,而跟在我身边的"小淘气"小成还没明白我的话,说:"戴老师,你没走错呀,不信我们出去看看门牌,上面确实写着一年级四班呀!"我笑了笑没有说话,只是后退了几步,重新走进教室。以后这样的事情再没有发生。

美国有个著名的植物园,里面种满了各种珍奇名贵的花卉,每天都有大批游客前来观赏,但时有花卉不翼而飞的事发生。为此,管理人员在植物园门上方竖起了一块告示牌:"凡检举偷窃花卉者奖励200美元。"

打这以后,植物园再未出现过丢失花卉的现象。有好奇的游客问管理人员,为何不写成"凡偷窃花卉者罚款200美元"。管理人员若有所思地答道:"如果那样写的话,只能靠我们有限的几个人去看管。这样就可以充分调动游客,使几百几千甚至更多的人参与我们的管理,而且会让动机不纯的人产生一种四处都有目光注视着的惧怕心理。"

变罚为奖,变"管住人人"的被动局面为"人人参与管理"的主动局面,这着实让人拍案叫绝。事实上,管理人员只是转换了思维角度,巧妙地改动了一下管理的支点。对于学生的行为规范管理,很多老师采取的是扣分制,即违反了哪一条扣几分。其实采用加分制更好,做到了哪几条加几分。最后不是看谁扣分多,而是看谁加分多。

靠堵永远解决不了问题,奖励虽然不能杜绝所有的不良现象,但是作为一种引导,它在很大程度上能减少不良行为。变罚为奖,我们不妨都来试试看。

实践证明,教师一句激励的话语,一个赞美的眼神,一个鼓励的手势……往往能给我们带来意想不到的收获。教师对学生小小的成功、点滴的优点给予赞美,可以强化其获得成功的情绪体验,满足其成就感,进而激发学习动力,培养自信心,促进良好心理品质的形成和发展,有助于建立和谐的师生关系,营造一个奋发向上的班集体氛围。

三、批评要触动孩子的心灵

德国最重要的存在主义哲学家雅斯贝尔斯曾说过:教育本质是一棵树摇动另一棵树,一朵云推动另一朵云,一个灵魂唤醒另一个灵魂。

我曾经带过一个班级。这个班级的孩子我已经带了三年,孩子们的性格、爱好都已经熟悉了,于是总想在班里搞个"新名堂",以调动一下孩子们的积极性。开学的那几天,我一直思考着这个问题。

早上,坐在飞驰的公交车上,看着眼前一晃而过的建筑工人,我灵机一动,何不学习一下国外一些学校的做法,让孩子们当"义工"?因为孩子小,容易发生不安全的事件,我们不能走出校外走向社会,但是我们可以在班里招收几名"总工"和一些"义工",帮助班干部进行班级管理。

于是,我开始谋划这件事情。首先我对招收的"义工"进行分类,如打扫卫生、摆桌椅的、管理纪律的、负责班级日常琐事的,每项招收四名,然后再招收两名"总工"。"总工"负责对这些"义工"的工作进行调控、管理及监督。那几天,我一直在思考如何招收这些"义工",招收几名"义工"很容易,但是要让这些做"义工"的孩子负责任并坚持下去,不容易。为此我决定让孩子们竞争上岗。

利用周五的午会时间,我将这个计划和大家说了。孩子们听了果然很好奇,纷纷问我:"什么是义工?义工都干什么事?怎么干?"给孩子们做出解答以后,我们决定把竞争上岗的时间定在周一的班队会。看着孩子们的表现,我心中也对周五的竞选充满了期待,然而事情的发展出乎我的意料。

周一中午的班队会时间,我满怀激情地站在讲台上,宣布竞选活动开始,然而台下的学生就像没听见一样,都若无其事地坐在位子上。看着这冷清的局面,我心里想现在的孩子为他人服务的意识怎么这么差呢?如果是竞选班干部,情况肯定不一样。我得改变孩子们这种自私的想法,可该怎么做呢?我脑子一直不停转动,虽然很生气,但是脑子不糊涂。我一边用严肃的眼光不停地在每一个同学身上扫过,观察每个孩子的表情,一边想办法。但是我发现有的同学觉得不好意思低下了头,而更多的同学抱着一副无所谓的态度。

有了,后面墙壁上那一排排奖状给了我启发,我让班长和中队长把奖状揭下来。很多同学不解地看着我,机灵的中队长似乎明白了什么,动作缓慢地揭下了奖状,步伐沉重地送到了讲桌上。拿起手中的奖状,我问孩子们,"这些奖状是怎么得来的?"同学们异口同声地说,"是全班同学共同努力得来的"。这个答案正合我的心意,于是借着同学们的这个话题,我接着问:"如果只是一个人或者两个人努力,这奖状能得来吗?"孩子们的答案是否定的,看着孩子们在我的引导下,正说着我想要的话时,我缓缓地把奖状放下了,只拿起了其中的一张,低着头边拿边说:"大家共同努力得来了一个个奖状,获得了一项项的荣誉,那是因为我们热爱三年级四班这个集体,愿意为这个集体服务,然而现在没有一个同学想为班级服务,还要这些奖状干什么呢?"说完,我面无表情地把奖状撕了。同学们被我的举动惊呆了,一个个瞪大眼睛瞅着我。此时的教室里静极了,没有人大声喘气,真的是连根针掉在地上都能听见。铃声刚好响起,我仍然面无表情地布置着作业,对此只字不提。孩子们若有所思地记着作业,一直到放学。

第二天,就有同学开始问我,要求竞选"义工",看着那些迫切的小脸，我感觉教育效果达到了，于是顺势将竞选定在下周的班队会时间。看我答应了他们的要求，孩子们的脸上露出了满足而又欢愉的笑脸。新周一的班队会时间，场面非常热烈，竞选进行得相当顺利。事后，我认为这件事就这样过去了，然而在此后的几天，我接到了家长们的电话。孩子将这一次事情非常完整地讲给了家长听，明理的家长们也借此给孩子们上了一节为他人服务的课，巩固了教育效果。

此时的孩子们，心中已有了他人。优秀的苗苗从大洋彼岸为孩子们带来了美味的巧克力，在众多孩子迫不及待想要品尝那美味时，最淘气的小硕吆喝了一句："先给戴老师一块。"六一儿童节，正当孩子们高兴地欣赏着自己生平第一次"做买卖"挣来的钱时，仍然是淘气的小硕把他那只脏乎乎的小手伸到了我的眼前，原来是一些蓝莓，问明来源，他用5元钱从同学手里买来的……饭桌上不同的水果，那是不同孩子的心意，看着孩子们学会关心他人了，我笑了。淘气的小马发现教室里的表不转了，问我需要用几号电池。我告诉他不知道。第二天晨读时，他将从大到小每个型号的电池都带了几块。就在期末考试的前一天，班里的"护花使者"小杰，手里拿着浇花的瓶子，对我说要把这些水倒掉，不然，等他们放假了，时间一长瓶子里的水就臭了，因为他是"护花使者"。平时他总会细心地将浇花的水提前装在瓶子里，经太阳晒过后再给花浇水。看着这些孩子们的举动，我内心充满了感动。

老师在教育过程中总会碰到这样的问题：什么样的话语对学生最有效？也并不是恶狠狠的话语就一定有效。我曾见过学生当着老师的面摔门而去的场景。苦口婆心的话语呢？这世界上苦口婆心的母亲太多，而真正听话的儿子太少。我也曾见过一位老师和蔼耐心地对一名学生做了两个多小时的思想工作，学生最后却睡着。老师要考虑的是，什么样的话语最能打动孩子的心？

你有没有用轻轻的一句话让学生泪流满面的经历？有没有一声棒喝惊醒梦中人的成功？最有效的话语没有固定的模式，同样的一句话有些人毫无感觉，有些人却回味不已。在"惩罚"学生之前，你要知道学生怕什么。你的惩罚他怕不怕？如果他根本不在乎，那么赶快换一种"惩罚"。

如果学生天不怕地不怕怎么办？用心去找，总有他怕的东西。努力去找，找到他怕的东西，那个东西就是你的法宝。

四、善用无声的语言

我曾读过这样一个故事。

六年级时,我和老师之间发生了一件不愉快的事,老师不坏,但学生都讨厌她。学生捉弄她,她总是恼羞成怒。她会局促不安,满脸通红。她总是歇斯底里地对我们大叫,有时只是坐在那里整天不管我们。现在回想起来,她可能还非常漂亮呢!到了圣诞节的前一天,学生给老师唱了一首很恶毒的污蔑老师的歌。听了这首歌,这个老师非常生气,采取了极端教育策略,从而造成了以后的麻烦。

故事中的老师有时歇斯底里地大吼大叫,整天不理学生。很显然,学生的行为深深影响了这个老师。过了一段时间以后,学生发现没有什么严重的后果降临,就会继续找她麻烦。

很显然,这个老师的做法是欠妥的。她不理解孩子,更不尊重孩子,也不会和孩子相处。她把英国首相曾用过的"大棒"政策发挥得淋漓尽致,甚至依赖于这种做法。

刚教学时的我也犯过这样的错误。当时自己年少气盛,对于学生出现的错误很不理解,认为他们应该听老师的话,给他们讲清道理他们应该不会再犯错误,然而我忽视了一点:他们还是孩子,还是一群天真可爱的孩子。对他们的错误我要么大喊大叫,要么置之不理,要么显示出自己的厉害,学生在我的"暴政"下显得很听话。于是他们每次犯了错误,我都会大声吆喝他们,他们就会乖乖听话。我就渐渐依赖上这种方法,觉得这种"大棒"政策很有用。如果不是后来发生的这件事,也许我还会继续沉浸在无知当中,继续应用我的"高压政策",继续显示自己的"英雄本色"。

事情是这样的,那天上午学习新知识,学生掌握得很好。我的心情非常好,课上不断表扬学生。学生在我的表扬与鼓励中,表现得非常好,不知不觉课结束了。到了中午放学后,学生回家吃饭去了。下午,有几个同学早回来了,他们一进教室就告诉我,调皮捣蛋的小发在放学的路上又和人打架了。我听后非常生气,刚刚与他交流完他又不听话,我感到了一种不被人接纳的悲哀。"教育不是万能的",不知何时这句话便出现在我的脑海里,既然教育不好,那就放弃吧!可他还是孩子呀!一个成年人都有不能自控的时候,更何况是一个十一二岁的孩子呢?可我应该怎样做呢？放弃还是不放弃？正在矛盾中，我听到了一声熟悉的喊报告的声音，"老师，小发来了！"一群想看热闹的孩子围在我的身边，都目不转睛地盯着他。我也回转身目不转睛地盯着他，心里充满着不被理解的极度失望感。在我的注视中，他心虚地，也非常自觉地走到了我的眼前。

驱散了想看热闹的同学，我与小发对视了几秒，然后没有理他。结果他静静地站在我旁边，低着头向我承认了他的错误并向我保证不再与人打架。我看着他蔫蔫不振的样子，心软了，心平气和地问了他几个问题："为什么要与人打架？你应该怎样做？老师为什么不讲话？为什么老师不让与他人打架？老师教育你是为了什么？"他懂事地回答道："老师想让我自己想清楚自己身上的错误。老师为了让我好好学习，为爸爸妈妈争光，为自己争气。老师是真心为我好，我一定会好好学习。老师您放心。"虽然只有几句话，但我真的很感动。

自我教育是万能的，从那开始他变得很少捣乱了……现在他已上了职业高中，但每次遇到我，无论多远都会凑到我跟前跟我讲话，从他身上我知道了，沉默比尖叫更能引起学生的注意力。这件事已经过去 5 年了，但我仍然记忆犹新，使我在以后的教学中时刻提醒自己，要和学生建立良好的情感联系。

所以，在管理班级时，我们不能依赖大声吆喝，不能对学生的行为感到悲哀，因为他们是孩子。对他们要有一颗爱心，要有一颗包容的心，要有一颗善待孩子的心，要培养学生的自控意识，要相信自我教育的效能。

五、用鼓励代替批评

以人为本，面向全体，细心观察，捕捉他们身上的每一个闪光点，及时把赞美送给每一个学生，使之发扬光大，使每个学生都感到"我能行""我会成功"。是的，教师的赞美是阳光、空气和水，是学生成长不可缺少的养料；教师的赞美是一座桥，能沟通教师与学生的心灵之河；教师的赞美是一种无形的催化剂，能增强学生的自尊、自信、自强；教师的赞美也是实现以人为本的有效途径之一。教师的赞美越多，学生就越显得活泼可爱，学习的劲头就越足。

2019 年我所带的班级里有一个小男孩，虽然不笨，但因为读书少，所以每当听写生字时，他都会错很多，有时只对两三个生字。看着他拿着小测卷那不安的眼神，我说不出任何批评他的话语，只是不停地鼓励他，帮他想办法，告诉他要回家读书，让爸爸妈妈帮忙晚上多复习。他很懂事地点点头。后来有一次，他对了5个字，虽然比起其他的同学，他的进步有点微不足道，但我还是表扬了他。他非常高兴，后来的学习劲头果真越来越足，期末考试时考到80多分。

　　实践使我懂得，教师一句激励的话语、一个赞美的眼神、一个鼓励的手势……往往能给我们带来意想不到的收获。教师对学生小小的成功、点滴的优点给予赞美，可以强化其获得成功的情绪体验，满足其成就感，进而激发学习动力，培养自信心，促进良好心理品质的形成和发展，有助于建立和谐的师生关系，营造一个奋发向上的班集体氛围。请多给学生一点赞美吧，因为他明天的成功就蕴藏在我们的赞美之中。

家校合作之分散式

苏霍姆林斯基曾说过:"两个教育者——学校和家庭,不仅要一致行动,要向孩子提出同样的要求,而且要志同道合,抱着一致的信念,始终从同一原则出发,无论在教育的目的上、过程上,还是手段上都不要发生分歧。"这样有利于孩子健康人格的形成,有利于孩子学习成绩的提高。

每一个孩子就像早上八九点钟的太阳,他们都是家庭的希望,更是国家的未来。孩子们的启蒙老师其实就是他的父母。每个孩子出生时,就像一张白纸,父母在这张纸上画什么,孩子就会通过他的行为表现出来。孩子年龄越小,家庭对他的影响越大。小学阶段是每个孩子真正进入学校学习的阶段,小学教育与家庭教育相互配合在这时就显得尤为重要。

家校合作可以分为两部分内容来交流,第一部分是分散式的交流。分散式的交流其实就是与家长平时的交流沟通。第二部分是集中式的交流,也就是我们平时所说的开家长会。本篇先说分散式的交流,我们要注意以下几点。

一、问题要集中,反馈要及时

我们如果出现集中性的问题,或在这个孩子身上出现非常典型的问题,而且这个问题已经严重影响孩子的成长,那么我们就要针对这个问题及时与家长交流。但也不能一出现问题就与家长交流,而要观察几天,发现这个问题确实存在,不是偶然发生的才可以与家长交流。

2019年,我新接了一个一年级班,在对这班孩子进行学前教育时我发现他们很浮躁,静不下来,而且很多孩子没有规矩,自由散漫。上课听讲的时候没有几个孩子能静静地坐下来。每节课,教室里总会不时响起吱吱嘎嘎桌椅扭动的声音,一节课下来桌椅都是七扭八歪的,像是经过了一场大战。看着孩子们的这些表现,我很着急,思考了许久也没想到卓有成效的方法,因为这是以前班级的孩子从没有过的情况,所以没有经验可以借鉴。后来,我忽然意识到孩子静不下来,是因为他们不会静静地坐着听课,因为他们没有形成这个规矩。

既然孩子不会静静地坐着,那我就要让孩子们学会静静地坐着。于是,我给孩子们布置的作业就是每天回家静坐10分钟,并且在打卡群里发照片。静坐的要求就是不做任何事情,手臂在桌子上放平,静静地坐在凳子上,眼睛目视前方。我将此要求说明后,家长们非常支持。开学的第一周,孩子们回家静坐的时间是10分钟。一周结束后,我发现班里有七八个女同学能长时间静静坐着听课了,其他同学也比刚开学时要静一些,一节课结束,不用时时刻刻整顿纪律了。每节课的前15分钟孩子们都是安静的。看着这意想不到的效果,我感到非常高兴,觉得这种在规定的时间内练习静坐的方法很有效。于是,我决定把这个办法延续下去。到了第二周,我就把时间延长到15分钟,可喜的是,孩子们表现得一天比一天静,一天比一天稳。第二周结束后,我发现班里只有专注度不高的三四个女孩坐不住;精力比较旺盛的男生当中,有五六个孩子也能坐20多分钟了。看到孩子们呈现出的这种状态,我感到高兴,也有了将这个方法坚持下去的动力。然后我又思考,训练了两周,有的孩子会出现逆反的情绪。我应该怎样激发孩子兴趣,让他们有动力坚持下去呢?有了!就采用过关的方式吧。于是在第三周,我把静坐的时间延长到每天20分钟,又提出根据孩子们上课表现,采用过关评价的方法决定第四周是否将这一作业继续下去。我明确告诉孩子们,上课能安静听讲的同学,这项作业可以取消,如果不能安静听讲,那么静坐的时间要相对延长,时长为一周。一周结束后,我对他们上课的状态进行评价,并邀请科任老师协助我一起评价。每位科任老师评价过关的同学,这项作业就可以取消。如果每位老师都认为他上课能静静坐着认真听讲,那么我就要恭喜这位同学,因为他已经养成了课堂认真听讲的好习惯;反之,这项作业就会持续,直到孩子们都过关为止。一个月结束,我发现全班孩子都在不同程度上有了很大的进步,女孩子的进步非常明显,男孩子虽然没有女孩子表现得好,但也有了很大程度的改观。可还是有几个特别的孩子,他们进步不明显,其中一个名叫兰兰的女孩引起了我的注意。我发现她不仅上课注意力不集中,听讲不专心,还总是转头往别处看,呈现出学习与我无关的状态,吃饭时也是如此,很容易与同学边吃饭边说话。如果不与同学说话,她的眼睛就会四处看,心不在焉。看着她的这些表现,我很纳闷,因为刚开始这个孩子表现还是不错的,能静下来。是偶然？还是她一直是这样，只是刚开始装装样子呢？为了弄明白情况，我对她格外留心。经过连续几天的观察，我发现她的确存在这些问题，而非偶然出现的问题。针对她的这些表现，我决定与她的家长沟通。在与家长进行交流的时候，家长告诉我，因为孩子在幼儿园和上幼小衔接的时候，老师们反馈她表现得很好。听着家长的介绍，我感到很奇怪，她的这些表现怎么能算好呢？但是本着要帮助孩子的念头，我把她开学这一阶段观察到的表现都跟家长进行了交流。家长听后也非常着急，一直询问我应该怎样提高孩子的注意力，帮助她纠正身上的问题。我问家长有没有对孩子进行静坐的训练。家长告诉我，因为之前感觉孩子上幼儿园和幼小衔接表现得很好，所以这项训练并没有进行。

听后，我恍然大悟，建议家长从训练孩子静坐开始。训练一段时间后，我观察一下效果，然后再与家长交流。家长听从了我的建议，开始着手对孩子进行训练。一周结束后，我发现这个孩子进步很大，不仅上课认真听讲，还积极参与课堂课程，举手回答问题的次数也很多，吃饭时也不总东张西望了。看着孩子的进步，我感到非常高兴，在课堂上，我对她的表现提出了表扬，下课后马上通过微信向家长反映了她的这些表现，同时表扬了家长积极配合老师的工作。家长也很高兴地对我表达了他的感谢。然后我建议家长，让家长把老师对孩子的表扬传递给她，而且对她提出了新的要求，希望她能继续保持，争取成为大家学习的榜样。孩子在老师与家长共同鼓励与表扬下，进步可谓神速。经过一段时间的观察，她的状态越来越好。我不仅在课堂上对她提出了表扬，还及时将她的表现跟家长反馈。家长也非常高兴，因为开学的第二个月与第一个月相比，孩子发生了翻天覆地的变化，现在的她已经成为孩子们学习的榜样。后来在中期质量检测后，开家长会时我邀请他的爸爸进行了经验分享。这位爸爸说得很真诚，他的发言赢得了家长的认可，发言中就提到了家校配合的重要性，也真诚地剖析了自己，在一开始对老师抱有怀疑的态度，不配合老师的工作到后来通过孩子的变化感受到老师的真诚以及专业，体会到了家校合作的重要性。他的这一发言为其他家长树立了一个极好的榜样。

像这种问题，我们可以把它集中起来，统一反馈给家长，但当出现安全事件的时候，就要在第一时间反馈给家长，坚决杜绝安全事故的发生。记得刚开学没多长时间，每天中午我都会带孩子们到音乐厅上面的平台跳绳,但后来有一次因为给生病的孩子处理事情,所以出去得晚了一些。走出教学楼,我看见几个男孩站在平台上面,手里拿着跳绳的一端,另外几个男孩站在台阶的下面拿着另一头跳绳,这几个孩子隔着栏杆都在拼命拽。就在这时,一个男孩哈哈笑着松开了手里的绳子,拿着绳子另一头的孩子则向后跌倒,后脑勺差一点点就触到地面,吓得我出了一身冷汗,制止住孩子们后马上就与每个家长进行联系,非常严肃地跟家长交流了这个问题,然后与家长达成一致,不管他们用什么方法,以后坚决不能再发生类似的事情。安全无小事,安全重于泰山,对于这样的事情我们一定要及时反馈,严肃认真地对待。

二、交流方式要智慧,先扬后抑入人心

在与家长交流时,一定要注意方式方法。其实方法有很多,只要能让家长心安理得地接受就可以。

我一般采用的方法是先扬后抑,先说表扬的话,再提出孩子的问题。列夫·托尔斯泰曾说:"称赞不但对人的感情,而且对人的理智也起着很大的作用。"

这样家长很容易,也很乐意接受老师反馈的问题,会认真对待孩子身上出现的这些问题。当我发现孩子身上出现问题时,虽然很着急,但绝不会以一种趾高气扬的方式跟家长交流。我都会替孩子考虑,站在家长的立场上考虑。因为一年级的孩子刚入学,就像有的家长所说,他们是第一次当小学生的家长,所以很紧张,也很不放心。孩子是否能适应学校的环境?老师对孩子的照顾是否周到?刚开始,他们都会以一种挑剔的眼光来看待老师提出的任何问题,以审视的方式来判断老师对待孩子的态度。因此,在刚开学时,家长很难与我们站在同一条教育战线上。为了让家长与我们达成教育共识,我们第一次与家长交流显得尤为重要,可以说影响着以后家校合作开展得顺利与否。父母对孩子的爱是自私的,都愿意听别人对自己孩子的表扬,所以老师怎样说家长才愿意听是有智慧和技巧的。其实如果我们换位思考,也就很容易理解家长了。我不仅是老师,也是一位孩子的母亲,我也愿意听到老师对儿子的表扬,但是我知道老师对孩子的批评非常必要,有利于孩子成长,这些都是从理性上来考虑的。那如果从情感上来说,我作为一位母亲,内心深处更愿意听到老师对孩子表扬的话。鉴于自己这样的心理,可以知道其实每

一个当父母的都有这样的心理,所以在与家长交流问题的时候,我会先说孩子身上的优点,然后再委婉地指出孩子身上存在的问题。就拿上面我讲的那个事例来说,在与兰兰爸爸交流的时候,我先表扬了孩子,非常内秀,很善良,乐于帮助别人,是一个非常讨人喜欢的女孩。为了增强效果,我还会选择一个她的故事讲给家长听。家长听后都会非常高兴。在表扬孩子的同时,我也顺便表扬家长,然后委婉地告诉家长,任何一个孩子有优点就会有缺点,每个孩子也都容易犯错,因为孩子都是在不断犯错当中成长起来的,所以咱的孩子也不例外。这个时候,把孩子身上的问题跟家长交流,家长就会非常乐于接受,也会坦率地说出自己想法,从而达到了教育效果。这是家校沟通所要注意的第二个问题。这是从说话方式的角度来谈的,那么第三点就需要老师注意自己的语言。

三、语言要真实,态度要诚恳,相互尊重

面对孩子出现的问题时,虽然家长都愿意听表扬的话,但他们更希望真实地了解孩子在学校的表现。作为老师,我们要真诚地、如实地跟家长交流孩子身上表现出来的问题。在与家长交流时,我们一定要从为孩子着想这一角度出发,站在家长的角度上跟他们交流,然后再表达出看到孩子出现问题时那种焦急的心情,同时要表达出我们希望家长配合的地方。针对孩子出现的问题,我们在与家长交流时,先与家长分析孩子出现问题的原因,然后询问孩子在家的表现,最后综合孩子在校在家的表现找出问题的根源。再针对孩子出现问题的原因,给出合理化的建议,这样就可以指导家长教育孩子的具体做法。因为就像有些家长所说的,他们是第一次做父母,很多事情都不知道如何做才是真的对孩子好,所以就需要我们给出正确有效的建议,便于更好地帮助孩子进步。只有让家长觉得我们是在同一条战线上,劲儿才会往一处使,孩子才会朝着我们想要的目标去努力。特别提醒的一点就是,我们作为老师,不能以一种趾高气扬的态度与家长交流,让家长必须听我们的。我们与家长是合作者的关系,是共同培育一代新人的。

著名教育家苏霍姆林斯基说:"只有学校教育而没有家庭教育,或者只有家庭教育而没有学校教育都不能完成培养人这一极其艰巨而复杂的任务。家庭是孩子的第一所学校,父母是孩子的第一任老师,家庭教育是整个教育的基石,对孩子的健康成长有着重大的影响。"

平时在与家长沟通时,我们经常会遇到夫妻双方教育观念不一致而出现的教育纠纷,这样教育不一致的问题就会在孩子身上显现出来。如果这个时候能把夫妻双方的教育观念统一,那么孩子身上存在的问题就会很好地得到解决;如果这个问题没有解决,那么孩子的表现也不会有所改观。下面以班里的两个女孩身上发生的事件为例。班里有一个名叫诗诗的女孩,她是一个非常活泼的孩子,但上课专注力不高,总东张西望,还很爱把自己的大拇指放到嘴里,并且成绩不是很理想。鉴于她的这些表现,我觉得需要跟她的家长沟通一下。在与她爸爸交流当中,我了解到他们夫妻双方教育观念不同。听孩子的爸爸介绍,孩子的妈妈工作中表现很优秀,很严谨,是一位女强人,但是在孩子的问题上比较焦虑,精神压力非常大。每当孩子妈妈看到孩子成绩不优秀,达不到她的目标时,就会格外焦虑。她每天晚上都把任务排得满满的,让孩子没有放松的时间。孩子每天睡觉的时间都到了10点甚至11点。我很吃惊,同时真切地感受到孩子妈妈焦虑的心情,我觉得很有必要与她妈妈沟通,如果孩子长期处于这种高压之下,是很难不出现问题的。孩子的爸爸态度非常平和,对教育也有自己的见解。他深切地意识到孩子妈妈在教育孩子时出现了问题,但苦于无法说服孩子妈妈。因此,孩子爸爸一再要求我与她妈妈沟通一下。因考虑到妈妈焦虑心态非常严重,我决定和他们进行一次面对面的交流。在一个周三的下午,我见到了这位焦虑的妈妈。在听她跟我叙述她的想法后,我深深地感到孩子妈妈那种焦虑的心情,同时感受到如果孩子达不到她目标的那种苦恼,那种"望子成龙,望女成凤"的迫切,但她忽略了每个孩子都有自身的特点。她认为别人的孩子能达到,她的孩子也能达到。看着眼前这位焦虑的母亲,我决定给她解压。

首先,我从一年级孩子的年龄特点入手,加上我的工作经验,给家长提出了建议,不仅要相信自己的孩子,而且要了解孩子的特点。因为每个孩子都是不一样的,就像花一样,有的会在生机勃勃的春季开放,有的会在炎炎烈日的夏季开,有的会在收获累累的秋季绽放,有的是在冰天雪地的冬季开,很难说哪朵花开得好。每一朵花都会开放,只是开放的花期不同。当孩子出现问题时,我们要接纳孩子,不要一味地指责,而要给予鼓励,并和孩子一起分析问题,查找原因,找到解决问题的方法,要让孩子知道,出现问题时家长是与他们在一起的。其次,我建议家长调整孩子的作息时间,晚上要保证孩子早睡,让孩子每天能睡够10个小时,毕竟孩子还在长身体。然后,把帮孩子复习功课的时间减少,孩子学会了就可以,不要为了达到满分或是拿到奖状而每天让孩子反复做题,重复性复习,也不要给孩子做大量的练习。如果想帮孩子提高成绩,可以少选择一些练习题来加强练习,具体的题目不用做,只是口述一下具体做法就可以。因为一年级孩子刚入学,理解能力不强,对于一些没有见过的题型,他们不会做,所以我建议家长多让孩子见一些题型,让他们明白一些题目的做法,帮助孩子提高理解力。最后,我提醒孩子的父母,学习成绩不是最主要的,只要孩子有一种积极向上、认真学习、努力争取的态度就可以了,因为孩子的成绩可以慢慢提高。一年级是习惯养成的关键期,一年级的成绩不如习惯重要。为了增加说服力,我给她举了我儿子的例子,让她体会到父母对于孩子的分数的关注度不要过高,要把注意力放在帮助孩子养成良好的习惯上。我用自身的工作经验告诉他的妈妈,只要孩子能保持积极向上的心态,学习成绩肯定会提高的。孩子妈妈听了我的一番话后,一个劲儿地告诉我自己前期对待孩子的态度很不好,每天总是批评她,看着孩子妈妈不知是内疚还是心疼地一直在掉眼泪,我想我的教育目标达到了。临走之前,孩子妈妈非常感谢我,说晚上回家要请孩子吃饭,好好弥补一下。听着她妈妈开心的话语,我也感到高兴。我们的工作虽然很辛苦,但是确实很值得。

第二天,我发现平时上课东张西望、静不下来、嘴里总吸着大拇指的诗诗变了,上课注意力非常集中,积极举手回答问题。看着她的这一变化,我非常高兴,立刻表扬了她,并鼓励她保持这种状态。孩子也很高兴,朝我用力地点了点头。下课后,我给孩子的父亲发了微信,将孩子在课堂上的变化告诉了他。孩子的爸爸非常高兴,一个劲儿地向我表示感谢。他告诉我,昨天晚上是孩子上小学以来第一次能在9点以前上床睡觉。听了他的话,我很心酸,也很心疼这个孩子。孩子的爸爸向我表态,他们有信心在我的帮助下,帮助孩子养成良好的习惯。听了他的话,我也很高兴,因为好父母都是学出来的。我们要善于学习别人的做法,更要善于听从别人的建议。因此,在期末考试中,这个孩子所有的学科都取得了优秀的成绩,而与她相反的另外一个女孩文文本身能力挺高,但因为学习习惯不够好,在期末考试中学习成绩非常不好。

看着文文妈妈对待孩子那气急败坏的样子,我很心疼这个孩子,因为我知道孩子成绩的取得与家长的教育方式分不开。她的成绩是在我意料之中的,因为孩子在课堂上不听讲,自己玩学习用品,做错了题也不改错。针对她出现的这些问题,我与她的妈妈交流过两次,但是孩子的妈妈告诉我,她在家里对孩子的教育得不到家人的支持,一家人都不赞同她对文文的教育。听了孩子妈妈的话,我知道这又是因为夫妻双方教育观点不同惹的祸。为了帮助孩子,我建议孩子妈妈和爸爸一起到学校,面对面交流一下。孩子妈妈同意了,但是一直到期末考试结束,孩子妈妈和爸爸也没有到学校来,所以这个孩子在学校的状态一直没有改变,因此她考出这样的成绩是必然的。从这两个孩子身上,我再一次感受到家庭教育和家校合作的必要性。

墨子曾说:"染于苍则苍,染于黄则黄。"有一位心理学家说过这样的话:"你对孩子怎样描述,他们就怎样以你描述的样子成长。你说它是个无赖,他就会慢慢变得像个无赖;你说他聪明,他就可能真的变得十分聪明。许多成人不断用自己的偏见扼杀孩子的美质,他们自己却一点儿都不知道。"有一位教育名家说过:"谁放弃了家庭教育,谁就几乎葬送了孩子的前程,而谁赢得了家庭教育,谁就赢得了孩子辉煌的未来。"家庭教育对一个人的启蒙、成长、成材有着不可估量的作用。

家校合作之家长会

我们与家长交流的一种方式是集中式的，也就是开家长会。学校每学期召开两次家长会，第一次家长会安排在学期的中期质量检测后，第二次安排在期末考试结束后，只有部分同学的家长被邀请参加。

从刚"送走"毕业班的那批孩子身上，我发现，学期末的部分家长会，不如开整体家长会效果好。我记得一次，考试结束后，根据学生的考试情况及平时表现，我邀请班里男生的家长来开家长会。家长零零散散地走进教室，有个家长随意地说了一句，"我们以为期末考试是开那一部分成绩比较差的学生的家长会呢"。听了他玩笑似的话语，我不由得内心一沉。成绩固然重要，但更重要的是维护他们的自尊心与自信心。反思之后，我再没有开过部分学生的家长会。因此，建议老师，如果没有特殊的情况，尽量召开全体学生的家长会，而非被有的家长冠名的"后进生家长会"。

家长会具有重要意义，它为家长与老师的交流建立了一个平台。通过这个平台，家长与老师相互沟通，为了解孩子的在校情况提供了机会。家长会不仅可以让家长了解孩子的在校信息，也让家长了解学校各项规定以及相关政策。通过家长会，老师可以结认识更多家长，随时联系以便更好地了解孩子的动向，共同讨论关于孩子某方面出现的问题，得到更多的建议。

学校召开家长会，一方面让家长对孩子学习有所了解，另一方面希望家长能与老师进行单独的、深入的交流，但大部分家长虽然来参加家长会了，但家长会一结束，就急匆匆地回去了，并没有与老师沟通。这使家长会的召开不能够达到理想的效果，不能够完全体现它的意义。为了让每个家长有所收获，老师们可谓"八仙过海，各显神通"。

根据个人经验，对于家长会的召开一定要有一个大的、整体性的规划。低年级的家长会主题一般以帮助学生养成习惯为主，中年级以家校合作为主题，到了高年级则要以青春期的教育为主。这样，每个时期都有一个大主题。当然，这些大主题不能直接作为家长会的主题，而要结合学校的总体要求,再根据班级的实际情况确定每次家长会的主题。教师一定要做好充分的准备,让每位家长通过家长会有所收获。不是面面俱到,重复以前的话题,更不能讲一些空洞的理论和没有实际内容的话题。

有一次,家长会后,一个男家长低着头边走边接听电话。通过对话,我猜测,他们的问话应该是这样的。电话那头的人问他开完家长会了没,他回答"刚开完"。电话那头的人问,老师都讲了些什么。他回答了一句"都说了些屁话"。与他擦肩而过的时候,我听到了这样一句不礼貌的话,非常生气。不说老师平时辛辛苦苦做了那么多工作,就说在家长会之前或者在家长会上,老师精心准备,为了他们的孩子,苦口婆心地与家长交流。为了什么?他们看不到老师的付出。老师的良苦用心却换来他的不屑一顾,真是寒了老师的心呀!虽然这样的家长是少数,但也给我们敲了警钟。家长会上,家长愿意听什么?我们到底应该讲什么?我们怎样讲家长才愿意听?这些问题都需要我们精心思考、用心琢磨。

一、充分准备,精心亮相

良好的开端是成功的一半。第一次家长会召开的成功与否,直接决定着以后几年家校沟通的有效性。特别是一年级新生入学的第一次家长会。对于第一次家长会,我要特别提醒几点。

第一,一定要精心准备家长会上所讲的内容。因为孩子们刚入学,家长对学校和老师充满疑问,对学校、老师的了解是通过道听途说、人云亦云得来的。因此,他们对学校的管理和老师的工作会以怀疑的态度、审视的眼光、挑剔的姿态来对待。此时,老师的亮相尤为重要。所以,在家长会上,老师要帮助家长了解学校,介绍自己,给家长吃一颗定心丸。然后,我会跟家长交流小学教育与幼儿园教育的不同以及在开学两个月中会出现的问题及应对方法,让家长做到心中有数。

第二,与家长交流时,目的要明确,语言要诚恳,既要讲清要求,又要摆明态度,同时说明白家长需要配合的具体做法。举个例子,为让家长知道老师每天工作的辛苦,开家长会时,我一定会把自己的工作内容及时间与家长说明,让家长明白小学老师不能像幼儿园老师那样对孩子进行保姆似的照顾,因为管理方式不一样。同时,让家长理解,安全对于我们来说比泰山还重,让他们深切地感受到老师压力之大,所以当孩子出现安全事件时,一定要让家长理解,先处理孩子的伤情,后询问原因。我将第一次开家长会的稿子截取几段,供大家参考。

对于小学教育与幼儿园的教育的不同,我是这样说的:

幼儿教育和小学教育是两种不同形态的教育模式。幼儿园那种过度保护状态下的成长模式在小学环境下会逐渐远去。自我管理已成为小学生的主要生活方式,孩子们会有心理落差。幼儿园是三个老师看一个小班,人数不超过30人,因此每个孩子都会被关注到。而到了小学,三个老师的角色全集中在一个老师身上,而且一个老师要管理一个大班,人数都在45人左右,因此对每个孩子的关注度没有这么高。聚焦点没有了,孩子会出现不能适应的情况。家长要及时关注孩子情绪状态进行梳理和沟通。

孩子在上了小学后会出现三个时期。

第一个时期是兴奋期。外向型的孩子刚入学心情激动,兴奋得睡不着觉,充满自豪感,有想当个好学生的愿望。孩子会早早来到学校,希望见到同学和老师。这个时候家长一定要先表扬孩子,然后给孩子提在校的具体要求,帮助孩子树立积极向上的目标。但内向或适应能力比较慢的同学,会对小学生活和学习产生畏难情绪,表现为早晨不爱上学、哭闹等,这种时候家长一定要先鼓励表扬。如果这样还不行,那就要狠下心来,不给孩子妥协的机会。这种状态大约会持续一个月。

第二个时期是厌倦期。在开学一个月左右,孩子们对上学的新鲜感逐渐消失。再加这个阶段是帮助孩子养成习惯的关键期,有的孩子会多次受到表扬,有的孩子因为比较淘气,受到表扬的次数少一些,因此孩子会觉得在学校生活纪律上受到了约束。生活又紧张,学习知识不如想象中那样容易,如有的孩子学习拼音时感觉枯燥乏味,拼读起来又那么难,所以这个阶段一部分孩子会感到负担重而不喜欢上学了。这个时候家长一定要及时跟上,安抚孩子情绪,给予孩子帮助,让孩子顺利平缓地度过这一时期。记住,好孩子是夸出来的。

第三个时期是适应期。开学两个月后,如果学校与家庭教育跟得上,就能使孩子较快地适应并喜爱学校生活。而有些孩子则会出现相反的情况。孩子的这些表现如果处理不当,会对他今后的学习带来不良的影响,因此父母帮孩子过好人生的这个转折点就显得尤为重要。父母千万不要因为工作关系,把孩子放在托管班里就放心了,完全不管了。这两个月下来的事实证明并不是这样的,所以在孩子的这三个过渡期,家长一定要跟上。我的孩子也在上学,所以深知你们此时的辛苦、此时的不易。但孩子的成长不能等,我们克服一下,帮助孩子尽快养成好习惯,适应学校生活。因为教师与家长的关系其实是"合作育新人"。孩子的教育和家长的配合帮助是分不开的。

为了让家长体会到习惯对于孩子的重要性,我是这样说的:

作为家长最关心的,首先是孩子的身体是否健康,接下来就是孩子的学习成绩。学习成绩是很重要,家长应该重视。但我们应该知道每个孩子都有差异,有的孩子天生反应快、领悟力高,什么东西一学就会,一点就通。而有的孩子相对来说反应慢,做事迟缓,接受能力差一点,同样的题目别人做一遍两遍就会了,他可能九遍十遍还不会。这个班的孩子都很聪明,个个都是小精灵。但有几个聪明孩子习惯不太好,上课爱做小动作,不是玩文具就是东张西望,令人担忧。所以说培养孩子,应该从培养孩子良好的习惯开始。巴金说:"孩子成功教育从好习惯培养开始。"美国的约·凯恩斯也说过:"好的习惯,决定好品质!好品质成就好命运!"

作为家长,我们要尽早培养孩子好习惯。好的开始是成功的一半。那么应该培养孩子哪些好习惯呢?

生活习惯:第一,让孩子养成早睡早起的习惯(晚上8:30前一定要睡觉),做一个生活有规律的人。只有这样,孩子的睡眠才充足,才能按时到校晨读。关于早晨晨读问题,学校原则规定7:40以后到校,开始晨读,我们班的同学多数能按时到校。有的学生睡得早,起得早,早起后他们在家听听英语,听听课文朗读,自己读读背背就是不错的做法。第二,培养孩子生活自理的能力,让孩子自己穿衣、洗脸、刷牙,学会自己整理书包,准备第二天要带的学习用品,孩子的事情尽量让孩子自己做。如果孩子忘记了,家长可以提醒一下。在家里,还应让孩子做一些力所能及的家务,因为劳动可以让孩子学会动手和动脑,可以锻炼他们的自理能力,还可以培养孩子的责任心。有了劳动的体验,孩子将来写文章也会有感而写。值日时,大多数的孩子不会扫地,基本上孩子干完走了需要老师再扫一遍。如果经常让他们做一些家务,他们怎么能不会呢?第三,让孩子懂得节约。节约是中华民族的传统美德。这个道理大家都懂,但有时候可能没注意到。在给孩子准备学习用具时,注意要简单,功能不要太多,也不要太花哨,以免分散注意力。爱玩是孩子天性,上课注意力不集中,课后做作业就累,久而久之,孩子对学习就没有兴趣,这样的后果是谁都不想看到的。每天值日生会捡到孩子丢了的文具,问"谁把自己的文具朋友丢了?"没人要,有小朋友提醒就是谁的,孩子都不要。在买文具时给孩子做好标志,丢了让他能找回。家庭条件再好,也没必要让孩子浪费!西方人崇尚"再富不能富孩子",通常只给孩子很少的零花钱,并鼓励孩子打工挣钱,让孩子明白金钱的获得并不是轻而易举的,有价值的财富要靠自己去积累,积累财富本身或许比财富本身更有价值。

对于安全,我是这样跟家长交流的:

安全问题,犹如泰山压顶。

每个孩子都是家庭的宝贝,每位家长会拿出百分之百的精力来对待。但对教师而言,每个孩子只是四十四分之一。我想用百分之百的精力来对待那四十四分之一,但是达不到。因此,每位家长一定要协助我保证孩子的安全。孩子天性好动,精力旺盛,尤其男孩子下课喜欢追逐打闹,甚至是"战争"。这种"战争"实质上也是一种游戏行为,难免磕磕碰碰。孩子受伤,你我心里都不好受。所以,我建议孩子们下课跳跳绳,玩有益游戏。家长也提醒孩子,不要和小朋友打闹。一旦出现受伤情况,我会通知双方家长。到校后我们首先关注受伤孩子,严重的话及时送医院治疗,然后再讨论其他,我不希望有任何家长不管不问,到校来指责、训斥别人的孩子。我们要互相理解宽容,这样也教育了自己的孩子。有时候,花钱为孩子买个教训也是值得的。

为了让家长知道我带班及做事的风格,我跟家长这样说:

我做任何事情都会提前跟孩子说明白原因和具体的做法,将自己的底线抛给孩子。孩子犯错,我可以理解和包容,但是前提是不要触碰两条底线——"安全的红线"和"道德的底线"。如果孩子犯错了,这说明孩子不遵守规则,那我也不会惩罚孩子,但会让孩子承担做错事的后果,因为这是一种责任的担当。我们要培养孩子的责任感。无论是在成人世界还是儿童世界,有规矩才有自由,规则是自由的保障。

为了让家长体会到教师的辛苦,争取家长最大的支持,我这样与家长交流:

今天是孩子入学第四天。在这短短的几天里,我们的家长与孩子在适应小学生活节奏上已渐入佳境。不过,在这个适应的过程中,所有人一定会(不是难免)遇到或多或少的困难和疑惑,只是每个人的适应期不同,有的快如闪电,有的看上去却静而不前。这个时候请大家放心、安心,再加一些耐心。我作为这个班的班主任,作为孩子们的大家长,会从尽力帮助大家。这个过程离不开各位家长的理解和支持,我真诚地希望能和各位家长朋友合作好。

　　我再介绍一下学校和我的学校生活节奏,供大家了解。今年学校除安排我当班主任外,还安排我承担两个班的语文教学工作,同时我要参加教育系统的各项教学活动,运作市和区的班主任工作室。从时间上来说,每天早晨从7:30进入班级直到10:30(有时会到11:00),11:40要带孩子吃饭,中午看着午休(类似托管)直到1:45。这就到下午了。下午一节或两节课后,带领孩子做值日、放学。等孩子们走了,我还要进行教研备课,批改两个班的作业,总结这一天孩子们的各种表现,安排和一些家长的交流反馈,还要准备各种学习和活动的材料。一天当中喝水、上厕所都需要计算时间,加快速度,必要的工作休息时间已经很少。如果学校有临时的班级任务及处理各种突发事件,剩余可支配的时间和精力就会更少,所以,如果有家长发信息或电话,而我没有及时回复或接听,敬请谅解!

　　同时,希望各位家长,开家长会时一定要认真聆听、认真记录;在每次发送班级信息时,一定要仔细阅读,尽量不要重复询问该事情(有疑问不解等除外),不要耗费没有必要的时间和无谓的精力(时间和精力是我们大家的,需要一起珍惜,培养责任感从我做起)。感谢您的理解与支持!因为您的理解与支持,是我努力工作的加油站!由衷祝愿在家长和老师的共同努力下,我们班的孩子们能茁壮成长!

　　家长会上,我会把家长会参会要求做一下说明,如不请假,父母一方出席,不能由孩子的爷爷、奶奶或姥姥、姥爷来代替,因为教育是父母的责任。我还会提醒家长开会时将电话调成震动或静音,没有特殊情况不要接听电话,注意相互尊重。这是召开第一次家长会我特别提醒家长的,在这里写出来提醒各位老师,以上是我实践得出的经验。

二、留心生活,巧妙设计

　　在平时的学习生活中,老师一定要细心观察每个孩子在校的表现,尽可能记住发生在他们身上的故事,通过这些故事来挖掘其背后深藏的意义。

开家长会时,我会跟家长讲述孩子身上发生的故事,然后与家长一起分析原因,找到解决问题的办法,从而根据故事背后隐藏的意义表达自己的观点,表明自己的立场。

在召开本学期中期家长会时,我跟六班家长交流的时候,就以一个孩子早上发生的故事为例,开始交流。那天早上,在孩子们晨读时,我像往常一样在两个班级里来回巡视。当我刚走出5班的教室门口时,远远看到对面有两个孩子从走廊的另一头向我走来,但是这两个孩子都没有抬头。小男孩边走边抹着眼泪,走近一看,噢,原来是6班的家家小朋友。他在姐姐的陪伴下边走边抹着眼泪,来到教室门口后,怎么也不进教室。我感到很奇怪,是什么原因让这个孩子需要姐姐送过来呢?我止住了脚步,询问孩子原因。家家一直哭着靠在姐姐的怀里,怎么也不吱声。姐姐憋不住了,一边抚摸着弟弟的头安慰他,一边对我说:"家家没有拿语文卷子,很害怕老师批评他。"我听了以后觉得很无奈,安慰他:"没关系,老师今天不仅不讲试卷,也不收,所以不用害怕了。"在我的一再劝说下,他止住了眼泪,但仍然不肯走进教室。姐姐柔声细语地安慰他:"老师都说了没有关系,你不用害怕进去吧。"结果他反手抱住了姐姐,还是不愿走进教室。最后,姐姐抱抱自己的弟弟,然后一把推开他,头也不回地走了。看到姐姐走了的家家才磨磨蹭蹭地、一步一挪地走进了教室。我看着他走进教室后,转身往自己班里走,边走边想:这个孩子怎么这么内向胆小呢?现在的男孩为什么没有那种男孩的样子呢?我情不自禁地摇了摇头,边走边考虑应该跟孩子的妈妈谈一谈了。半路上,我碰到了值班老师。值班老师笑着告诉我,刚才孩子在路上边哭边告诉她说自己没带卷子,语文老师太厉害了,太凶了,他不敢进教室。听了她的话后,除了觉得可笑外我还带着几分怒气,不停回忆,哪些地方做得不好让孩子感觉我太凶了呢?给孩子造成这么大的精神压力?我不断反思着这个问题。

为了找到问题的根源,在下午的家长会上,我就以这件事情为开头,跟家长交流。我把平时对孩子所说的、做的一并告知,然后询问家长,为什么孩子会有这样的感觉。是我处理事情不恰当还是孩子没有责任担当呢?当孩子出现这种问题时,家长应该怎么办呢?换句话说,如果孩子觉得他在学校里受了委屈，我们应该怎么处理？家长们听后若有所思。我接着表达了自己的观点，如果有孩子回家也是这样跟家长交流的时候，作为家长一定要冷静，耐心听完孩子的话后，给予正面引导，也就是在孩子面前一定要多夸学校，多夸老师。如果对于孩子所说的有不明白的，建议私下跟老师沟通，老师一定会还原事情的真相。处理这种事情最忌讳的就是，只相信自己的孩子，而对老师产生怀疑。

家长会后我与孩子的妈妈进行了交流，妈妈跟我说，平时在家，当孩子出现问题时，他妈妈就会对他说"戴老师要求很严格，不允许你犯这样的错误"，或是"戴老师不喜欢你这样做"。听着他妈妈的话，我明白了问题的根源。平时，家长总给他灌输一种思想，那就是戴老师要求很严格，做任何事情都必须按照老师的要求去做，所以当孩子忘记拿试卷时，马上会想到妈妈对他说的话，从而感到非常害怕，再加上胆子小才会出现早晨的那一幕。

平时对孩子要求严格是好事，但是一定要让家长和同学都明白，做出如此要求的目的以及意义所在，让家长和孩子明白老师的良苦用心。

老师以孩子身上发生的故事为开头，家长也愿意听。所以每次召开家长会，我都以一些孩子身上发生的一个又一个的故事来告诉家长，面对孩子身上存在的问题，我们需要努力改变自己的教育方式，从而改变孩子。

我教上一届的孩子时，发现孩子们都很乖巧守规矩，上课听讲的专注度很高，只要是我讲过的内容，到了考试时一般都不会错。因此，这个班孩子的成绩都很好，但是他们有共性缺点——不爱动脑筋，墨守成规，没有创新思维，而且很懒，做任何事情都不主动，总是愿意等待别人替他们完成事情。我一直在思考，为什么这班孩子如此相像呢？

有一次，为了帮助孩子们打开思路，我借助郑老师的一个案例，问孩子们："老农种地，要用什么办法才能使地里不长草呢？"孩子们显然对我的话题非常感兴趣，积极表达自己的观点。有的同学说打灭草剂，有的同学说要勤快一些，经常去拔草。看着孩子因急于猜出答案那种兴奋的表情，我笑了，告诉孩子们"没有一个和我的想法一样"。有的孩子很不服气，一再嚷嚷着让我公布答案。我告诉孩子们，没有正确的答案，但是我认为有一种最合适的答案，那就是在地里种上庄稼。我的答案一公布，教室里马上寂静无声。我趁着这个机会，马上表达了自己的观点：

"有很多办法能完成一件事情，在完成这件事情的方法中，没有对与错，但肯定有一种是最合适的。所以同学们面对任何问题时，一定要开拓自己的思路，多想办法，而不能总是顺着一条路走。"像这样的故事还有很多，但我一直没想明白，这班孩子灵活性不高的原因。为了帮助孩子们发散思维，找到解决问题的根源，我一直留心观察他们。后来，一次偶然的事情让我发现了，原来这个班的孩子不是笨也不是懒，只是他们缺少动手与动脑的机会，因为这些孩子的爸爸妈妈都太能干了，考虑事情太周到了。

　　至今让我印象深刻的是孩子们上游泳课时发生的故事。每周四的下午，孩子们在吃过午饭后，都会到国信体育馆游泳池学游泳。经过一个小时的训练，孩子们在游泳结束后经常会感到肚子饿，有些家长就会给孩子带巧克力，让其与大家一起分享来补充能量。有一次我也跟着沾了光，有个家长买了几包士力架，先让孩子给了我一包，让我跟其他的老师也分享一下。看着孩子给我的士力架，我感到很奇怪。这包士力架包装袋的两头都用剪刀整齐地剪了一刀，我一直没想明白这是怎么回事。后来家长发信息说，爸爸怕孩子在分享时包装袋不易打开，所以提前在家把每包士力架的包装袋的两边都用剪刀剪了一道。我不由得赞叹孩子爸爸想得也太周到了。我们都知道，任一包袋装食物，都有一个便于打开包装的提示。但是孩子爸爸比厂家想得更周到，他没有在第一时间教孩子如何打开包装袋，而是直接自己动脑动手替孩子想了，替孩子做了。为什么这些孩子的思路总是打不开，动手能力不强呢？也许这就是主要原因。因为家长在孩子做任何事情之前，把能替他们想到的提前给他们想了，把能替他们做的提前做了。试想一下，孩子遇到事情还会思考吗？他们不会，因为平时没有机会去想去做，都被家长细心周全的考虑及安排剥夺了。他们没有任何动脑思考动手操作的机会，只剩下听话了，所以孩子们听的效率会那么高。这个时候我忽然明白了，为什么有老师和专家说，孩子身上出现的任何问题都是家庭教育出了问题，此时的我更深切地理解了这句话，因为孩子天生是一张白纸，要看家长对他的涂画，家庭教育太重要了。

　　为了改变家庭教育的这种状态，我召开了以"为孩子们保驾护航"为主题的家长会。家长会上，我把发生在孩子们身上的故事所反映出来的共性问题以及我的观察思考与家长进行了一番交流，建议家长让孩子自己去想去做。如果他们做错了,请多给他们鼓励,给他们建议,让孩子自己学着慢慢长大,不要在孩子还没做事情之前就提前告诉他应该怎样做,要让孩子学着去摔跤,去跌倒。我们所做的就是在孩子摔倒之后,鼓励他自己站起来,提醒他们思考摔倒的原因,帮助他们找到下次不要摔倒的办法。这样,孩子多摔几跤,他们就会成长起来,就像小鹰如果没有老鹰的狠心,就不会飞上高空。家长一定要学会放手,但是放手,并不等于放任不管。我们要学会合理放手,这是一个由扶到放的过程,共待孩子们成长。父母不是孩子人生的裁判和规划师,只是他某段生命的引路人和陪伴者。在我与家长的配合下,这个班的孩子已经得到了很多老师的认可和表扬,因为他们善良、朴实、有礼貌,直到毕业都一直非常沉稳,保持着积极向上的心态。我想这就达到了我们的教育目的,为国家培养一代新人,让他们爱国、敬业、诚信、友善。从这群孩子身上我获得的经验就是,一定要做个生活中的有心人,留心观察孩子的生活,把发生在孩子身上的故事记在心里。

三、形式多样,勇于创新

家长会时,我们也要选择多种方式,不能总是搞"一言堂"。我试了几种方法,觉得效果还是不错的。

1. 经验分享式

针对多数孩子出现的问题,选择其中一个表现最好的孩子的家长,让其来分享自己的心得体会。我讲过一个小姑娘在我与家长共同努力下取得极大进步的案例。在中期质量检测后的家长会上,我让家长进行了一次经验心得的分享。这位家长从多方面表达了自己的观点,切身体会的经验非常有说服力,起到了非常好的效果,家长从中也收获了许多。我还建议班里读书认字最多的孩子的妈妈分享育子经验,让很多家长明白早期培养孩子认字的习惯非常重要。这位家长还告诉我们在生活中教孩子认字、数数的一些方法。家长们也深切体会到好家长都是学出来的,这真的一点儿不假。还有一位高智商、高情商小暖男的妈妈的分享,让家长感受到尊敬老人应从自身做起,而不是口头的教育,平时要注重对孩子的言传身教。当家庭出现教育问题时,要及时召开家庭会议,及时纠正每个家庭成员的问题,尊重孩子。从她妈妈身上,我感受到一位母亲对孩子影响是极为深远的,所以建议每位母亲提高自身修养。要富有智慧,才能培养出高情商的孩子。"家长是孩子的镜子,孩子是家长的影子",好家长是学出来的,好孩子是夸出来的。

2. 学生汇报式

这种方式采用的次数不宜过多,过于频繁。在我校与华师大新基础教育合作的第一年,我们班里分成了6个部门,孩子们自愿报名,竞争上岗。部门成立后,由每个部各自搞活动,以提高孩子各方面的能力。经过一个学期的锻炼,每个孩子都有不同程度的进步。为了让家长看到孩子的进步,我在召开家长会时,让每个部门以不同的方式上台展示。家长看到孩子的表现后都非常高兴,纷纷赞叹孩子长大了。这种方式的家长会一定要注意关注全体学生,因为每个家长都希望在这样的场合看到自己的孩子。孩子表现得怎么样都无所谓,他们都会给予温情的掌声、善意的笑容。

3. 师生混合式

这种方式是由老师和学生共同来完成的,为了安全考虑,一般老师开场以后,先由每个部门的部长将一个学期部门的工作做一下总结,然后表扬表现突出的同学,鼓励没有被表扬的同学。在学生准备发言稿的时候,老师一定要把好关,告诉孩子在家长会上可以多表扬同学,批评一些行为,但一定不能批评某些同学,这样才能起到效果。在孩子们总结后,老师适时介入,将孩子的表现具体说明。这样的家长会方式可以树立榜样,培养学生的自信心,激发家长配合老师共同教育孩子的积极性。这可以称为"激将法"。

4. 情感交流式

这种召开方式适合高年级,并要找准时间点和情感点。高年级的孩子已逐步进入青春期,此时的他们非常敏感,对于家长的教诲不放在心上,亲子矛盾逐渐开始显现。为了减少亲子矛盾,我们级部决定利用书信的方式,让孩子感受到父母对他们的爱,体会家长们的良苦用心。那是在2017年的元旦,我们提前告诉家长,让家长给孩子写一封信。这个活动是保密的,孩子是不知道任何信息的。家长写完后直接给我或是把电子稿发给我。在元旦庆祝活动结束后,孩子们看到每张桌子上都摆着一封信,感觉很惊奇。我告诉孩子们,这封信是家长写给他们的。孩子们很兴奋,笑容洋溢在每个孩子的脸上。但是,打开信后不久,教室里响起了低低的抽泣声。孩子的情感点打开后,我又提出新的要求,让孩子给家长写一封回信,然后统一交给我保管。在期末的家长会上,我会将信转交给孩子的父母,孩子们非常愉悦地接受了。其实很多矛盾都是因为缺乏及时、有效的沟通才出现的。现在社会的节奏太快,家长压力大,情绪容易不好,而现在的孩子因接受各方面的信息比较多,容易早熟,再加上学习压力比较大,所以很多家长并不能真正了解孩子的所思、所想、所做,亲子之间的沟通就会出现问题,矛盾也会由此产生。我们采用书信的方式,给家长和孩子提供一种自我反思、表达观点与情感的机会,这样就实现了有效沟通,其中的矛盾就会减少许多。

四、有效表扬,积极沟通

要达到良好的家校共育效果,还要采用一些方法与技巧。

我所采用的方法是多表扬家长。卡耐基曾说过:"要改变人而不触犯或引起反感,那么,请称赞他们最微小的进步,并称赞每个进步。"表扬也要采用不同的方法,我一般会采用两种方式:一种是先表扬孩子的优秀,然后顺势引出孩子优秀的原因是他们有非常优秀的父母,家庭是孩子的第一个学校,父母是孩子的第一任老师。对家长的表扬同样也需要言之有物,而不是只有空洞的、抽象的表面夸奖,要结合孩子具体表现来表扬家长,这样家长就会非常愉悦地接受,而不认为那是恭维。这种表扬次数一定要多,但内容要不同。这样随时随地表扬家长,工作就非常好开展。另一种是通过家长在家长会上的表现来具体表扬他们的行为,可以夸张地或是在某个环节委婉地表扬家长,让家长在开会过程中心情愉悦。这样,老师提出的建议,家长都会非常理解,也会体谅老师的辛苦,从而支持我们的工作,达到较好的教育效果。

五、语言幽默,态度真诚

在开家长会时,语言和态度都非常重要,不仅要真诚、亲切,还要富有幽默感。如果孩子出现安全事件,在与家长交流的时候,他们不仅没有责备的态度,反而安慰老师,那么老师的工作就得到了家长的认可,家校共育的效果就达到了。除此之外,还要特别提醒老师,在与家长交流时,要维护学校、同事,而不是贬低别人,抬高自己。

2019年,我与年轻的于老师搭档。为了维护她,在家长会上,我一直表扬于老师。在交接班的时候,老师更要互相维护。这样就能很快得到家长和孩子的认可。

苏霍姆林斯基说过:"如果没有整个社会首先是家庭的高度教育素养,那么不管老师付出多大的努力,都收不到完美的效果。学校里一切问题都会在家庭里折射出来,而学校复杂的教育过程产生的一切困难的根源也都可以追溯到家长。"

一切为了孩子,为了孩子的一切。让我们共同努力!

关爱他人是一种能力
——记"我是快乐小鱼仔"游戏

现代教育是一个复杂的课题,每个孩子都是家里的宝贝。那些从小在宠爱、溺爱的环境中成长的孩子自以为很独立,却不能真正控制自己。他们自信,却有些盲目,以自我为中心。

现在的德育工作,只靠说教不能达到教育目的,要不断探索新的教育方法,寓教于乐,用学生喜欢的、乐于接受的方式,让他们主动付出关爱并得到关爱。

几年前,我随同刘峰校长去城阳第二实验小学,参加了北京朱洪秋老师的新德育交流会。新德育是关爱型德育,三大核心理念是"主体唤醒、正能量传递、全人格培养"。融洽和谐的师生关系、充满爱的班级氛围是班级持续、健康发展的不竭动力。小孩子特别喜欢游戏,新德育将游戏引入了教育,在游戏中把教育的两个核心题目,"爱的教育"和"自我教育"巧妙地融入其中。其中有一个让孩子着迷的游戏,这就是"我是快乐小鱼仔"游戏。

全班所有同学和班主任老师组成一个45位成员的大家庭(如果老师参与进去,很容易掀起游戏的高潮),匿名抽签,每位同学抽一个"鱼仔"。即每名成员都是另一位同学的"鱼爸"或"鱼妈",也是某位同学的"鱼仔"。

具体操作过程如下。我先打印了45张标有小鱼图案的卡片,然后在卡片背后写上班里每个孩子的名字,放到一个纸盒里。这样抽签的卡片就做好了。然后找一张4开的大图纸,写上游戏的名称(这一步也可以不做)。这些都是需要提前做好的。我选择用主题班会的时间,开启这个令人期待而又神奇的游戏。

在孩子们的注目中,我快步站上讲台,跟孩子讲述这游戏的具体玩法。第一环节抽签。每个同学按学号上来,从盒子里抽取一个小鱼卡片。鱼卡后面写有班里某位同学或老师的名字(提醒孩子注意遮挡),这就是你的"鱼仔",你就是被抽中同学的"鱼爸"或"鱼妈"。自己看清楚名字后就把卡片放到另一个盒子里,以此类推。

在游戏过程中,每位成员必须严格坚守保密原则,抽签后每个人都只知道自己的"鱼仔"是谁,但不知道自己的爸爸或妈妈是谁。"鱼爸爸"或"鱼妈妈"对抽到的"鱼仔"负有关爱、照顾的责任,每天要细心观察"鱼仔",及时关注他在生活、学习、心理上的动态,并用便签条写下你的关爱,或肯定,或激励,或提醒,贴在教室后面指定的区域。一个月结束后,会给大家安排"鱼仔相认"环节。

孩子们听完我的讲述后,个个摩拳擦掌、跃跃欲试。我们开始了抽签环节。孩子们走上讲台,都很高兴,但是抽完签的表情就是五花八门的,有的哈哈大笑;有的在空中挥舞着拳头;有的惊奇地瞪大了眼睛,挑起了眉毛;有的失望地低了头,很沮丧地回到了自己的座位;还有一个同学脸上的表情像打翻了调色板,不知是想哭还是想笑。我猜他大概抽中了意想不到的人……教室成了欢乐的海洋。

在大家的欢笑声中,抽签这一环节结束了。因为正值期末考试前期,我把本应举行4周的游戏活动缩短到2周,之后借元旦庆祝活动召开"鱼仔亲子相认"主题班会,评选"最幸福鱼仔""最有责任心的鱼爸鱼妈"。

在试行期间,孩子们的进步有目共睹,班级里始终充满着温情。在这个游戏中,每个人都在关注别人,同时被别人关注,所有人都融入其中,包围在关心自己、关爱他人的氛围之中。快乐、互助、幸福的正能量时刻传递着,一个大家庭由此真正和谐地凝聚在一起。这不但培养了学生的爱心,也提升了学生的学习成绩。不为成绩而赢得成绩才是真正的赢家,这就是新德育正能量传递的魅力所在。

游戏中,我是最大的"鱼仔",也是最幸福的"鱼仔",我收到了好多关爱条,有提醒我上课多喝水的,有提醒我雾霾天戴口罩的……我把这些提醒关爱条贴在了我的办公桌上。孩子们那火热而又纯真的心时刻提醒我,我面对的是一群天真可爱的孩子,他们需要我们的爱,需要我们的付出。

在这里,我借用孩子们游戏后的感受,来展示他们对这个游戏的喜爱及教育效果。

冬日暖阳

最近我们班发生了一件大事,在戴老师的带领下,进行了一个神秘、温暖的"鱼仔"游戏。这个游戏牵动着每个人的心,班级像注入了冬日暖阳,流动着温暖、关爱、和谐的旋律……

你是不是很想知道"鱼仔"游戏的过程和规则啊？听我慢慢道来。全班包括亲爱的戴老师,每个人都有编号。这被放在一个神秘的盒子里。然后大家抽取一张,抽到谁谁就是自己的"鱼仔",如果你是男生那就是"鱼爸",女生就是"鱼妈"。在两个星期的游戏中,"鱼爸""鱼妈"要关心、照顾好自己的"鱼仔",可以向"鱼仔"发送各种温馨贴士——表扬的、提醒的、鼓励的、改进的……但是,一定是秘密进行,不要暴露自己的身份。班级散发着神秘、刺激、温馨、甜美的味道。

终于到了激动人心的"鱼仔"和"鱼爸""鱼妈"相认的时刻,我把珍贵的糖果送给了我的"鱼仔"——郭一诺。她惊讶地瞅着我,我调皮地朝她做了个鬼脸,很酷地用手向后捋了一下头发,暗示她"我这个鱼爸,做得很棒吧?!"她不断地眨眼睛和点头,我心里乐开了花！然后,我表面安静地等着,可心怦怦直跳。"我到底是谁的'鱼仔'啊？怎么还不来认我啊？"等待,对于我这个急性子简直就是折磨！终于,我的天,我的"鱼妈"竟然是她——聂佳音,小小的身材大大的能量啊。原来这些天不断关心我的人,竟然是我曾经的同桌,太意外了,怪不得这么了解我。

我认为"鱼仔"游戏的精神可以用于班级、学校、家庭、社会、全世界。在班级,戴老师是我们班的"鱼妈",用心呵护着我们长大；在家里,我是爸爸、妈妈、奶奶的"鱼仔",他们都尽心尽力、无微不至地爱护我,照顾我。"鱼爸"是我的专人司机、领路人,"鱼妈"为我洗净一件件脏衣服,"鱼奶"为我做可口的饭菜。我现在长大了,要照顾、关心他们,让他们成为我的"鱼仔"。如果"鱼仔"游戏的精神传播到社会和世界的每个角落,那么冬日暖阳将照耀着和谐的地球村！

"鱼仔"的故事

12月30日,是我学习生活中最难忘的一天。

在过去这些天里,老师一直在和我们玩"鱼仔"游戏,我也仔细观察着我的小"鱼仔"。但是,我的"鱼仔"是最特别的。

她家离学校十分远,在高速公路那一头的城阳。家虽然远,她却从来没有迟到过。有时候,她甚至比我到得早。她也很坚强,下课时,我和她玩儿一个游戏,一不小心把头撞到了走廊的窗台上。她并没有哭,还没等我去安慰她,她站起来了,先对我说："不用担心,我没事。"在家里,她是父母的好帮手,在学校,她是我们的好朋友。

直到昨天,也就是12月30日,我们俩"相认"了。我拍了拍她的肩,然后把一个水蜜桃味儿的棒棒糖塞进她的口袋里。她转过头,送给我一个水蜜桃般的微笑,给游戏画上了一个圆满的句号。

我喜爱我的"鱼仔"

在这两个星期的"鱼仔"游戏里面。我体会到了被人关心爱护、提醒的感觉。我的"鱼妈"是王一涵,她给了我许多关心和提醒条。有的写了"你最近书写要加油",有的是"天气寒冷请多穿衣服",有的是"记住戴口罩"。我觉得我的"鱼妈"王一涵特别关心我。

快乐的"鱼仔"游戏

临近期末考试了,功课越来越多,玩和休息的时间越来越少了。戴老师为调解考试前的紧张气氛,设计了一个"鱼仔"游戏。每人都有一个"鱼爸"或者"鱼妈",当然你也就是别人的"鱼爸""鱼妈"。在这期间,你要给自己的"鱼仔"写信,但不能暴露自己的身份。没错就是这么简单,游戏开始了。

自从有了这个"鱼仔"游戏,我每天晚上或多或少都要挤出点时间给我的"鱼仔"写封信。或是"天冷了注意加衣",或是"临近期末认真复习",一句小小的话,为紧张的期末增添了欢乐的色彩。

时间过得那么快,没几天就到了"鱼仔"和"鱼爸""鱼妈"相认的时间了。李乐群给大家发了棒棒糖,作为相认信物。1号徐展宇,2号……不一会儿便轮到我了。我激动极了,绕了一个大圈,把棒棒糖给了我的"鱼仔"郑淋丹。刹那间,雷鸣般的掌声响起,我给郑淋丹一个大大的拥抱。现在,好想知道我的"鱼妈"是谁。这个念头已经在我的脑海里转了几个星期。看着每天她给我写的信,我越发激动起来。我正想着出神的时候,突然一根棒棒糖轻轻地放到了我的手里。哈哈,原来是张淑涵。

快乐的"鱼仔"游戏为我们缓解了复习的紧张,让同学们之间建立了互帮互助的深厚友谊,也为我们的童年留下了美好的回忆。

希望有机会再玩这个游戏

上上个周一,戴老师领我们玩了一个叫"我是快乐小鱼仔"的游戏。游戏规则是,每个人抽一张卡片,卡片上写有小"鱼仔"的名字。你抽到谁,你就是谁的"鱼爸"或"鱼妈",就要照顾你的小"鱼仔",并给你的小

"鱼仔"写表扬条、提醒条、关心条……最重要的是,不能告诉别人,你的"鱼仔"是谁,要保密!

终于轮到我抽了,我抽到的是张淑涵!这个一年级就和我坐同桌的小姑娘,比我矮半个头。但是我忘了把卡片放进小盒子里了,所以我就和刘宇萱抽重了。幸亏我及时跟老师说。老师就让我重抽了一张。这一次,我抽到的是钟朔阳,他都比我这个"鱼爸"高半个头呢!我对自己说:一定要尽职尽责。

有一天,我正在观察我的小"鱼仔",发现他上课说话。下课了,我立马给他写了一张提醒条,上面写着:钟朔阳"鱼仔",上课认真听讲,不要说话!我一共给他写了三张条。

两个周过去了,同学们盼望已久的"鱼仔认亲"仪式终于开始了。这天正巧在庆元旦,所以同学们非常开心。

戴老师用了一种很有趣的方式来进行"鱼仔认亲",用到了同学发的棒棒糖。"鱼爸""鱼妈"们把自己的棒棒糖放在"鱼仔"的桌上。

第一个就是我,因为我是1号。我环顾四周,找到了我的小"鱼仔"。我很神秘地走过去,把棒棒糖放到了钟朔阳的桌子上。钟朔阳很惊奇,一下子把重100多斤的我抱了起来。戴老师给我们拍了照,这让我感到无比幸福。我觉得这个游戏很有意义,不仅让我们体验了父母对我们的爱,还让我们学会了同学之间要彼此关心与帮助。在给自己的"鱼仔"写信时,也要注意自己有没有这类问题,自己也要改进。希望有机会再玩这个游戏!

有意义的好游戏

"鱼仔"游戏结束后,大家心中的"谜"终于解开了,知道了自己的"鱼爸"和"鱼妈"是谁。

我观察了我的"鱼仔",在游戏期间,她的成绩格外优秀。朱老师再三表扬她的字写得很好。我的"鱼爸"非常关心我,总共给我写了4张提醒条,而且提醒、表扬很到位,把我的缺点和优点都写了出来。

我要感谢我的"鱼爸",这么关心我。我要表扬我的"鱼仔",最近表现得很出色。我也要感谢我的老师,因为老师在期末考试的紧张中给我们带来了快乐和放松。

好游戏能给人带来快乐,我觉得这是一个有意义的好游戏。

对"鱼爸"和"鱼仔"的话

徐明宏,有你这样的"鱼爸",我感到非常开心,很幸福。虽然你给我写的纸条不多,但是我能感觉到你无时无刻不在关心我。"天冷了,要添衣""写字时抬头"……你给我写的纸条,有的是关心,有的是提醒,虽然寥寥数语,但每一个字都让我感受到你的关心,也提醒着我时刻注意改正自己的缺点。感谢你的付出,我既温暖又感动。

钮广宸,你是我的"鱼仔",一个有点调皮、有点可爱的男生。开始我观察你的时候,发现你书写很不认真,还被老师批评过。于是,我就经常写纸条提醒你。后来,我发现你有了很大进步,书写既认真又快,我特别开心。我觉得你是全班同学里最用心的小"鱼仔"。我给你写了许多小纸条,希望我们能够共同进步。

这次"我是快乐小鱼仔"游戏,让我们学会了观察,学会了互相关心、互相帮助,也纠正了我们的许多不良习惯。尤其是和你们在一起,让我感受到了温暖,也学到了很多,感谢你们。在以后的日子里,让我们继续互相帮助,携手前进。

"鱼仔"的故事

这一次,戴老师为我们举办了一次"鱼仔"游戏。

"鱼仔"游戏的规则是,每一个人都上去抽签,抽到谁,谁就是自己的"鱼仔",每一个人都有自己的"鱼仔"和"鱼爸""鱼妈",但不能告诉别人自己的"鱼仔"是谁,你的一举一动都在"鱼爸""鱼妈"的眼中。他们会给你贴提醒条或者表扬条,来告诉你哪个地方做得好,哪个地方做得不好。

最让我记忆深刻的一张条是"这几天都是雾霾天气,要戴上口罩哦!"还有比较幽默的"你知道我是谁吗?你自己猜吧!""每一张条都代表了'鱼爸''鱼妈'对你的关心与爱护,要好好珍惜哦!"

这次的"鱼仔"游戏非常有趣,能让我们在"鱼爸""鱼妈"的提醒之中改进自己的缺点,认识新的自己。

"鱼仔"游戏

上个星期五,我们班开展了一个"鱼仔"活动。

规则是每人抽取一个小"鱼仔",每天给他写一个关爱条,现在想起来还真是回味无穷。

到了活动结束的时间,借着于子涵的棒棒糖,戴老师宣布了一个规则,把棒棒糖送给自己的"鱼仔",好让"鱼爸""鱼妈"和"鱼仔"相认。

我的学号很靠前,所以一开始就到了我跟"鱼仔"相认的时间。我把棒棒糖送给了我的"鱼仔"张淑涵。随着时间的流逝,转眼到了女生认"鱼仔"的时候了。

"25号!"突然影子照到了我的身上,抬头一看竟然是我的同桌在看我,桌子上竟然有一个棒棒糖,真是不可思议。

谢谢"鱼妈"这两天给我写关爱条,让我知道了自己有很多不足需要改正,祝"鱼爸""鱼妈"们考个好成绩,也祝"鱼仔"早日改掉身上的不足。

Happy new year!

"鱼仔"的故事

最近我们班的同学都可开心了,因为我们都在玩"我是快乐小鱼仔"游戏。这是我们班美丽的、像大姐姐一样的戴老师教我们玩的。当时一听玩游戏,都乐开了花。

要玩游戏,必须先了解游戏规则。规则就是每个人在一个盒子里拿出一张写有班里一名同学名字的卡片,那么这名同学就是你的"鱼仔"。不能向任何人泄露这名同学的名字,当然你也是别的同学的"鱼仔"。在游戏期间,你要给"鱼仔"写表扬和提醒的纸条。游戏结束后,"鱼爸""鱼妈"和"鱼仔"才能"相认"。

转眼两个周的时间过去了,我和我的"鱼仔",还有我的"鱼妈"就要"相认"了,太让人激动了。"相认"的规则也很有趣,戴老师说,"鱼妈"要把手中的棒棒糖亲手送到小"鱼仔"的手中,互相拥抱一下。我的小"鱼仔"是李佳凝。这段时间里,我每天都在关注着她。她是不是很期待和我"相认"呢?我把棒棒糖放到她的手中,并给了她一个大大的拥抱。我一直期待着一个温暖的时刻,一直在关爱着我的"鱼妈"是谁呢?这时曹文烁微笑着走过来递给我一个棒棒糖。啊,原来是她,一种无法用语言表达的幸福感让我们拥抱了好几秒钟……

通过这次游戏,我深深地感受到同学间的友谊是多么可贵!

好玩的游戏

星期一的中午,老师陪我们玩了一个"鱼仔"游戏。游戏规则是每一个同学上讲台上抽一个"鱼仔"卡片,知道以后就不能告诉别人。两个周以后,我们才能认识各自的"鱼爸""鱼妈"。我们个个激动兴奋。我的"鱼爸""鱼妈"会是谁呢?轮到我的时候,我高兴地把一个棒棒糖给了我的"鱼仔"。我的"鱼仔"就是张家豪。我对他说:"快考试了,希望你好好复习，争取好成绩。"我的"鱼爸"也对我很好，他就是周昱霖。他特别爱运动，我祝他运动会上跑第一。

通过这个游戏，我知道了人与人之间要互相关心，对别人好，别人也会关心你，好好待你。

"鱼仔"游戏

这两周，我们玩了"鱼仔"游戏，它的规则是，每个人都要上讲台上抽"鱼仔"，上面写着×××的名字，抽到谁就是谁，不能改。当然，戴老师也有"鱼仔"。然而，我既幸运又不幸运。幸运的呢？我抽到了数学课代表——于子涵，因为她是我的骄傲！不幸运的呢？有人犯规了，我抽到了和他一样的"鱼仔"！我"恨"他！

这些天，我发现了很多张提示条和表扬条，有"上课不要玩""抬头""雾霾天戴口罩""字不要龙飞凤舞""考得不错"等，收到了大约有八九张。我的"鱼妈"就是张合霖。

我的"鱼仔"，她什么都好，就是握笔和抬头高度不好。所以我经常给她写"抬头""握笔要注意"等。她也挺听话，头抬高了，握笔也注意了。我很高兴，我觉着我这个"鱼妈"没白当！

这次的"鱼仔"游戏，让我体会到家长的辛苦，也让我体会到当"鱼仔"的幸福。我喜欢"鱼仔"游戏！

小"鱼仔"的故事

我的小"鱼仔"叫王奕，我给她取了个昵称叫"小奕子"。

我是她的"鱼妈"，有一次写卷子的时候我要去管她："快写，快写，马上就要下课了，再不写又要被老师训了，你不会想再重新抄一份吧！"我说完之后，她死死地盯着我，非常气愤地说："你又不是我爸爸、我妈妈，更不是我的老师，我为什么要听你的！"当时我就很生气，我真想告诉她，我就是你的"鱼妈"。

直到当天下午我们才相认，我们兴奋地拥抱了。她说："你给我写信的时候，我看那字就像是你的字，还以为我猜错了。"

小奕子我想对你说："马上考试了，祝你考个好成绩，要多回去看书哦！"

我一直在看你的表现，你做卷子的时候不要东张西望，做快点，在保证答题速度的同时要保证正确率哦，相信你可以做得更好。我们一起努力，加油！

为了让大家感受这个游戏的教育效果及受欢迎程度,我选择了当时孩子在微信群里写的感受。这些语言我没有进行改动,是孩子们的童真童言。

下面的文章是最后一次游戏时,孩子们写的感受。我选择了其中的三篇摘录如下。

"鱼仔"游戏"玩"后感

崂山区实验小学　六年级五班　徐展宇

今天,我们为期一个月的"鱼仔"游戏举行了结束仪式。这是最激动人心的时刻。我们纷纷拿着昨天准备好的精美礼物。我清楚地记得,前一天文具店里挤满了我的同学,都是来给"鱼仔"和"鱼爸""鱼妈"买礼物的。可见同学们对于"鱼仔"游戏还是很上心的。

中午,教室里比往日更安静,同学们都双手平放在桌面上,等待着戴老师到来。因为我们都知道,如果不安静,就不能"鱼仔"相认了。所以,很快,我们就开始了相认环节。

这次与众不同的是,戴老师先让我们撕下两张便利贴,然后让我们在上面写上对"鱼爸""鱼妈"和"鱼仔"的祝福以及这一期"鱼仔"游戏的感受,然后贴在要送的礼物上。其实戴老师没想到我们会准备礼物,但是我们都买礼物了。

这次戴老师还采用了一种特别的方式,就是用我们抽取"鱼仔"的卡片,来抽取一个人,进行"鱼仔"相认。我很紧张。以前我都是1号,但现在是随机抽取,当老师念到马晨铭时,他径直朝我走来,拥抱我。我才明白马晨铭是我的"鱼爸"。这一抱,我感到无比温暖。

"鱼仔"游戏是一个传递爱和温暖的游戏,在拥抱的那一瞬间,不仅仅是人身体感受到温暖,心灵更是感受到了温暖和爱。在我和我的"鱼仔"钟烁阳相认时,让我感受最深的是他送我的小礼物,一本小本子。但这不单纯是一本小本子,因为我们正在学圆,所以他把1π到100π全部抄了一遍,这体现了他对我的爱,也体现了他对我的期望和鼓励,说明他在用心准备。我虽然送给他的礼物并不像他那么用心和精心,但我相信他也是同样的感受,也感受到了我对他的爱。

每一次"鱼仔"游戏,我都会有不同的感受。从一开始,我们只单纯地觉得这只是一个关心同学的游戏,但到了现在,我们大了,感受到它独特的含义。这是同学之间的爱的互相传递,是一种温暖人心的爱的传递。每一张关爱条，虽然字数不多，但是浸满了甜甜的爱，都能让我们感受到阳光般的温暖。如果你真正用心地去读，就会体会到语言的魅力，其中透彻的爱。不管你的"鱼爸""鱼妈"是谁，不管你抽到的是不是你心仪的"鱼仔"，都要尽到"鱼爸""鱼妈"的责任，去尽自己所能地关心"鱼仔"，去呵护"鱼仔"，让他在你的关爱之中，获得灵感，获得知识，茁壮成长。明年马上结束小学生涯，明年最后一次"鱼仔"游戏，你何不去用文字关心你的同学呢？

"鱼仔"游戏感受

崂山区实验小学　六年级五班　张凯泽

今天是星期四，这一学期的"鱼仔"游戏又要结束了。从清晨睁开眼睛开始，我就好奇又激动，感觉心脏仿佛都要从嗓子眼里蹦出来了，期待着中午的到来。为了这个"鱼仔"游戏，我已经提前准备好久了：给"鱼仔"和"鱼爸"准备礼物，给"鱼爸"写感谢条，给"鱼仔"写祝福条……

早晨一到校，我们就议论起"鱼仔"游戏的事。同学们都很想知道自己的"鱼爸"或"鱼妈"是谁，晨读时叽叽喳喳就像一群小麻雀。我不但很想知道自己的"鱼爸"是谁，也想在我的"鱼仔"面前揭晓答案。

终于到了中午，午饭及后续活动完成之后，我们整整齐齐排好路队上楼，乖巧得像一群小羊羔，一句话也不说，生怕戴老师改变主意。到了教室，我们还故意夸赞老师，逗得她笑了起来。看到我们如此迫不及待，她没有继续卖关子。终于到了这一轮"鱼仔"游戏的激动人心的时刻。

老师先让一些自己认为最幸福的"鱼仔"起来读"鱼爸""鱼妈"写的关爱条。我觉得刘婧涵是班里最幸福的"鱼仔"，她的"鱼妈"曹文烁用便利贴写关爱条，把后门贴得密密匝匝，而且个个都很精致，关心刘婧涵健康、学习以及精神各方面的。刘婧涵非常感动，我也很佩服这位尽职尽责的"鱼妈"，她要有多大的耐心才能写出那么多关爱条呀？刘婧涵也很珍惜这一份份关爱，都把它们贴了在小收藏夹里。

终于，该其他人认领"鱼仔"了。我惴惴不安地想知道我的"鱼爸"是谁。正在想的时候，身旁闪过一个黑影，还没等我反应过来，面前就出现了一大桶威化饼干。我抬头一看，匡佳锐站在我面前，双臂张开，摆出要和我拥抱的姿势。我很激动，二话没说，上去给了他一个"熊抱"。我很感谢我的"鱼爸"，他送的礼物让我很开心，还一直关心我，在游戏期间经常给我写关爱条。我觉得他也很称职。

轮到我认领"鱼仔"了。我的"鱼仔"是张淑涵，我一个箭步跨到了她面前，把礼物塞给了她。我为她准备的是4支造型美观的中性笔。她也站起来，送给我一个本子、一个漂亮的沙包，还有一支笔。我觉得我也应该向我的"鱼仔"学习，因为每当我把关爱条贴到后门的时候，她都会给我写一封感谢信贴在旁边。我要向她学习这种有礼貌、懂得感恩的态度。

这已经是我们第三轮玩"鱼仔"游戏了，每次都让我们充满了好奇和期待。每次都这么开心，每次都有新的感悟和新的收获。我们都特别喜欢这个游戏，在欢乐中学到了许多道理，比如做人要懂得感恩，要关爱别人，予人玫瑰，手留余香。想到不知不觉已经到六年级了，我的心里不由涌上一丝伤感，希望在毕业之前我们还能有机会再给彼此当回"鱼爸""鱼妈"和"鱼仔"！

有意义的"鱼仔"游戏
崂山区实验小学　六年级五班　刘婧涵

太好了，太好了，终于要进行"鱼仔"游戏了！每到"鱼仔"游戏时，我都会异常兴奋。因为它不是一个普通的游戏，而是爱的传递，快乐的象征。

这次的"鱼仔"游戏虽然结束了，但我意犹未尽，心中充满对"鱼妈"和"鱼仔"爱的火焰，这里既有对"鱼妈"的感激，也有对"鱼仔"的期待。

我坚信，我是最幸福的"鱼仔"。在游戏中，每个"鱼爸"或"鱼妈"都要定期给"鱼仔"写关爱条。而我几乎每天都会听到同学说："婧涵，你实在太幸福了，这面墙都被你的纸条'承包'了，全是给你的！"每听到这些，我的脸上都会挂上幸福又略带骄傲的微笑。便条有爱心的、小熊的、太阳的……真是数不胜数，我沉浸在幸福快乐的海洋中。虽然"鱼仔"游戏结束了，但我依旧将"鱼妈"对我的关怀和建议铭记于心，努力去做到"鱼妈"的要求，这也许就是爱的力量吧！同时，"鱼仔"游戏也让我知道要懂得感恩"鱼妈"对我的付出，让我们的感情越来越深！

不仅"鱼妈"的爱让我快乐，自己成为一名"鱼妈"时，也同样有着不同意义的爱。

我的"鱼仔"是一个腼腆的男孩。他在课堂上不能积极发言，面对别人总是一副羞涩的样子。这就像是以前的我，是戴老师帮我找到了那个自信的我。为了帮助他早日"觉醒"，我经常在关爱条中写一些激励的话语和名言警句来帮助他。在课堂和课间，我都会关注他的一举一动、一言一行。每当发现他看关爱条,脸上洋溢出灿烂的笑容时,我都会偷着乐,嘴角轻轻上扬。每当看到他有一丝丝改变,我就会充满成就感。这又让我真切感受到责任心的伟大。责任中藏着的爱。

一句句真挚祝福的语言,一个个真诚敞亮的拥抱,一次次开怀爽朗的笑声,将活动真善美的力量全然绽放。我们感受了快乐,收获了友谊;感受了真诚,学会了分享,体会到责任的伟大力量。我愿用收获来指引我人生的点点滴滴。

我爱"鱼仔"游戏!

"鱼仔"游戏不仅学生喜欢,家长也很喜欢,他们每次看到我发到群里的照片或视频时,都会非常激动,大喊"好想回到小学,好想要同款老师"。

皮亚杰曾经说过,游戏的质量和方式对儿童各方面能力的提高有着核心作用。我没有想到,一个如此简单的游戏竟令孩子这么着迷。其实我一直在想,令孩子着迷的、欲罢不能的不是游戏本身,而是身在游戏中的他们感受别人关爱所带来的那份温暖吧。

"爱"是世间最美的字眼。

这样培养班干部更有效

　　学生干部是班集体的核心，他们肩负着开展学生的学习及其他活动的组织协调工作，是联络班主任和学生的纽带，是班主任的得力助手。他们的作用有时是班主任无法替代的。

　　班干部的培养与管理是班主任工作的核心与最终目的。如果说做好班主任工作是一门艺术，那么如何培养和管理班干部就是这门艺术中的重中之重了。

　　著名教育家斯宾塞说："你的管教目的应该是养成一个能够自治的人，而不是一个要让人来管理的人。"现代教育理论又告诉我们，班主任要建设一个积极向上、朝气蓬勃的良好班集体，必须建设一支素质良好、认真负责、积极肯干、能独立高效开展工作的班干部队伍。因此，在班级管理中培养班干部发现问题、解决问题等管理能力具有较强的理论意义和现实意义。但我认为培养班干部最重要的事情是激发每个孩子的上进心，只有这样才会形成良好的班风、端正的品行。

一、以情促情，激发每个学生的积极性

　　根据多年工作经验，一个班级的孩子中总有一部分孩子做任何事情都很积极，自律性强，而且比较守规矩，这一部分同学就可能成为班级中的班干部。还有一部分孩子自我要求不高，在学校生活中非常随意，没有约束性，这些现象令老师非常头疼，改变这种现象，提高全班所有孩子的积极性就显得尤为重要。为了提高孩子们的积极性，就需要我们的教育智慧。

　　我国古代第一本教育专著《学记》中曾记载："亲其师，信其道。"这就告诉我们，每个学生都具有非常明显的向师性。他们喜欢一个老师，就会喜欢这个老师组织的教育活动，融洽的师生关系就此建立，既有利于学生的学习，也有利于教学水平的提高；他们喜欢一个老师，就会以这个老师为榜样，相信这个老师所讲的规范和道理，当然也会遵从其管理。也就是说，如果老师先做一个让学生喜欢的老师，在师生之间建立了融

洽的关系,要让学生相信老师所传授的为人为学之道,自然就是一件轻而易举的事情了。

教育家夏丏尊先生曾说过这样一段话:教育上的水是什么?就是情,就是爱。教育没有了情爱,就成了无水的池,任你四方形也罢,圆形也罢,总逃不了一个空虚。我国古代教育家孔子说:"其身正,不令而行;其身不正,虽令不从。"学生是有理想、有感情、有个性的人。他们把教师看作知识、智慧、理想人格的化身,所以老师要激发每个孩子的向师性。如果细说起来,这又是一个大的话题,在这里就不一一赘述了。我只选择几种最有效的办法。

1. 跟学生像朋友似的聊家常

很多时候,我们一直把自己放在一个老师的角色上发号施令,习惯于用命令式的口吻布置事情。布置完了以后,我们不容学生反驳,也不容他们出错,在意念中把他们当成了机器,当成了一种程序,就是老师说什么就是什么,学生必须要听。一旦出现不和谐的音符,我们就会非常生气甚至大声地批评他们。

现在静下心来想一想,我们在对他们斥责批评时,有没有想过他们为什么会这么做?我们总认为这样做是对他们负责,是爱护他们,但我们有没有把这种负责、这种爱以孩子喜欢的方式传递给他们呢?答案是否定的。

爱是一个动词,我们需要表达。我曾经听过这样一句俗语:"灯不挑不亮,钟不敲不响,话不说不明。"我们不表达孩子怎么能明白呢?我曾读过班级一个孩子在日记本中写过这样一句话:"我就是我,我有自己的个性,有自己的快乐,为什么要听别人的呢?"这就是孩子的心里话,只不过有的孩子胆子大,敢于表达出来,更多的孩子闷在心里,但行为上会将他们的不满表现出来。所以,当要做一件事情或做一项决定时,我都会将孩子放在一个朋友的角色上,与他们交流做这件事情的原因、具体的操作方法和结果等。我会根据这件事情的性质来与孩子交流,让孩子明白这种事情需要我们这样做,而不是我要求他们这样做。没有人愿意被别人强迫,所以我们需要的是将事情说开。当然在与孩子分析的时候也要讲技巧与方法。

记得有一周,连着好几天,我都看到教室外面的楼梯上有垃圾,就在班里与孩子交流。我告诉孩子们:"因为楼梯不干净,我连续好几天挨批评了。我很难过,因为这本该是值日生的职责,但我替他们承担了后果。我很伤心也很失望,但这也确实是我应该承担的,因为我没有监督好他们。"我用平和的语气跟孩子们交流时,孩子们却在下面叽叽喳喳。有孩子说"这是值日生的责任",还有的孩子说"这是卫生部的事情,他们没有起到监督的职责,跟戴老师没有关系"。听着孩子们那愤愤不平的声音,我看到那调皮而又不认真的值日生都低下了头,不说话了。我马上就制止了孩子们的七嘴八舌:"任何一项事情,你们做得不好,就是戴老师的责任,是我没有监督好。"

结果在接下来的一周里,早晨的值日工作他们做得既快又好。有的老师很好奇,为什么我班的孩子那么喜欢我,其实源于我也喜欢他们。我经常利用几分钟时间与孩子朋友似的拉家常,话题有的时候是我看到的新闻、我看到的书或是故事,有的时候是孩子们身上发生的故事,还有的时候是社会上的热点话题等。我认为对孩子有教育意义的事情,我都会细心捕捉,包括孩子们一个不起眼的举动,都会成为我和他们交流的话题,我甚至会把我儿子身上发生的故事告诉他们,其中有做榜样的事例,也有让他们从中获得教训的事例。这种没有距离感的交流,无形之中拉近了我与孩子们的关系。

2. 学会"换位思考"

"世界上最远的路,就是通往人心里的路。"我想不管心路有多远,肯定有捷径可行。

走向心路的捷径就是学会理解,学会换位思考,学会站在孩子的角度上去思考问题。我记得班里一个孩子说,不管别人的想法,要做自己想做的事情,只要自己快乐就行。面对孩子这么真实的话语,我震惊于孩子的真实,忽然理解了这个孩子平时的那些行为。的确如他想的那样,他是不管别人,只由着自己的想法去做事情,因此才会有平时那些惊人之举。看了他的这些想法后,我觉得平时总觉得自己足够了解孩子,但实际上并不是如此,我还是没有走入那个孩子的心里。因此,我也要特别提醒大家,如果平时有孩子屡次出现问题,经过批评教育后他的改变不大,那就说明我们没有了解这个孩子,没有"对症下药"。明代大思想家王守仁在《传习录》中也曾说过,"种树者必培其根,种德者必养其心",所以我们只有了解孩子的内心,才能从根上改变他的行为。了解了孩子的内心想法,我们一定要先肯定孩子的想法,站在他的角度上替他考虑,然后理清思路,再有针对性地跟孩子交流。

我看到孩子的那些话后,就跟他进行了交流。我先肯定了他的想法,人就要保持自己的个性,要不计较别人的眼光,做自己,而不是做一个机器。孩子听了我的话后很诧异,问我:"老师您不认为我这么想不对吗?"我说:"我理解你的想法,也认同你的做法。但是,我想要说的是,你去做自己认为对的事情,做让自己快乐的事情没有错误,可你在做的时候不能伤害到别人的利益,侵犯别人的权益,也就是说你的快乐不能建立在别人的痛苦之上,否则就是一个自私自利、自认为是的人。你愿意做一个这样的人吗?"孩子低下了头说不愿意。

当孩子出现问题或犯了错误的时候,我们一定要控制自己的情绪,调整自己的心态,问明孩子原因,而不是第一时间批评。先要给予他理解,站在他的角度上替他去思考。对于孩子说出来的原因,我们一定要先肯定,把自己的理解说出来,然后因势利导。这样孩子既愿意听又会改错,还不会对老师的建议产生逆反的情绪。师生间的距离再次悄悄拉近。

教育家芭芭拉·克拉罗索说过:"不要高高在上惩罚他们,而应该在他们倒下时,站在他们的旁边,指导他们。运用人生中的重要信念:我信任你……我相信你……我知道你能处理这件事……你在被倾听……你对我很重要。"教师和学生要有共同的目的要求,要有融洽的情感,要互相信任和理解。教育者和受教育者之间有了情感的沟通,就会得到学生的信任,学生接受教育就有了情感的基础。

除此之外,每天向学生真诚地展现你的笑脸,多和他们进行眼神的交流,和他们一起玩游戏,开开无伤大雅的玩笑,说说自己的心里话等方式都可以增进师生间的感情,也就达到了"亲其师,信其道"的目的。每个孩子也愿意通过自己的努力去建设一个温暖的家庭,他们就愿意为班级争光。

二、以爱生爱,培养每个孩子的责任心

孩子们非常善良,也非常敏感,他们会准确地判断出成年人对他们喜爱的真假度,所以我们给他们的爱一定要真实,不掺水分;要善良,柔软,充满温度;要细腻,耐心,不求回报。这样的爱才是他们所需要的。

3月份是学习雷锋的月份。校园处处都活跃着"小雷锋"的身影。这不,一大清早,我们办公室内忽然涌进了好多孩子,只见他们有手里拿

着拖把的,有肩上扛着扫帚,有提着垃圾袋的。狭小的办公室立马被挤满了。

我拿着水杯,目瞪口呆,惊愕地问:"孩子们,你们要干什么?"他们异口同声地说:"老师,我们学习雷锋,帮助打扫办公室!"我忽然想起来,昨天因为让他们互相帮忙打扫卫生,一个个都往后退,我就利用午休的时间与孩子一起探讨了雷锋精神。我连忙摆手说:"不用不用,孩子们,你们先出去吧。谢谢你们,我们办公室挺干净的,老师们每天都轮流打扫卫生。"听了我这话,孩子们呼啦往外出,有个平时特别顽皮的男孩有些不情愿,用扫把恶狠狠地扫了地面几下,叫嚷着"我们是疯狂的雷锋!"这惹得办公室老师哈哈大笑。孩子们在用自己的行动表达对老师的爱。

老师不仅要培养孩子的爱心,还要培养他们的责任心。只有培养了他们的责任心,班级才会形成凝聚力。这不仅仅是班干部要有的,还是班里的每一个孩子都需要的。我记得以前利用作文课的时间,带领孩子们去生物能源所参观。虽然很累,但我发现通过参观,孩子们不仅增长见识,学到了很多东西,更增进了师生的感情。有家长告诉我,孩子参观回家后说,"戴老师牺牲了两节作文课带领我们去参观,真了不起",还有的直接以行动来表示,第二天的课堂特别积极地回答问题。其实,对于这一活动,我没有想太多,只是觉得孩子们需要了解一些在学校学不到的知识。没想到,效果非常好。后来一次,当我又说楼梯上有沙子,值日生打扫卫生不干净时,有个同学脱口而出:"吓到我了,我以为戴老师又挨批评了呢。"听到她的话,我笑着跟她开玩笑:"老师挨批评,你们心疼吗?""心疼!"孩子们异口同声地说。还有的孩子主动带洗手液及护手霜等等常用物品,孩子们用他们那颗稚嫩的心来表达自己对老师、同学的爱。这样的氛围营造好了,孩子们之间的关系就会非常融洽。如果孩子做错了某件事情,班干部去提醒,大家也愿意配合。班干部就有精力做一些别的事情,也愿意去做事情。所以我认为在培养班干部时,班级的整体氛围非常重要,这关系到良好班风的形成。

爱心有了,还需要培养孩子们的责任心。学生来自不同的家庭,他们的责任心也各不相同。对于他们是否有责任心,我们只能在学习生活中慢慢了解,这需要一个长期的过程。为了培养他们的责任心,我会把班级事务分配到每个人身上,达到"事事有人做,人人有事做"的效果。这样,他们在自己的小岗位所表现出来的认真程度就能让我们很快物色到哪些同学可以当小助手,成为第一批班干部的培养对象。为了更准确地把握他们的特点,我们还可以进行轮岗,这样就培养了每个孩子的责任心,锻炼了他们的能力。

三、自愿报名,竞争上岗

班干部是班集体的带头人,在班级里选举新一届班干部时,为了得到同学们的认同,鼓励每个孩子都参与,我会带领全班同学研究制定岗位以及职责细则,然后让他们竞争上岗。

对于高年级的学生,可以放手让他们自己做主。班干部全部是自己报名,写好演讲稿,在班会课上进行演讲。一个岗位可能是好几个人竞争,然后让学生根据演讲者的演讲进行投票。有时选举的结果会出乎我的意料。有一年的卫生委员是一个又懒学习又差的学生当选,因为他的演讲稿写得很实在,很感人。他在演讲中说:"我是一名学习很差的学习,平时很懒,不爱做值日。我想通过竞选卫生委员,来改改自己身上的这些毛病,希望同学们能成全我,投我一票吧!"同学们被他的话感动了,不约而同地把票投给了他。事实证明,同学们的做法是对的,他勤快了许多。除此之外,给我印象最深的是,当时几个孩子一起竞争纪律委员,那场面相当激烈。两个学生你一言我一语,相互不让。你说完了我再补充,而且越说越好,学生哈哈大笑,我也笑得前仰后合。在笑的同时我陷入沉思,学生的潜力的确是无限的,只要给他们一个舞台,他们就会发挥得淋漓尽致,我们不能低估任何一个孩子。看着那两个平时表现一般的孩子,我很欣慰,因为他们懂得了去竞争,知道了要想真正得到一个职位,必须自己努力去争取。就在他们俩争得不相上下的时候,冒出一个第三者,那就是平时最淘气的小宝。他的演讲稿很幽默,据说是现场编的。他说如果当选,会带领他的"喽啰兵",好好听讲,好好学习,好好为大家服务。他的演讲得到了大家的掌声,因为他的演讲稿很生动,很精彩,最后真的是"花落他家"。同时他也为我很好地上了一课,要想在活动中取胜,就要创新,也让他们明白社会竞争就是如此激烈。如果人人时刻有危机感,那他就会取得成功。

四、相信孩子,敢于放权

做个用心的"懒老师",我认为这一点非常重要。

有人说,培养班干部就是先牵着走,再扶着走,然后再放手,而我在班里培养孩子一般都是直接布置后,放手让孩子们去做,然后提醒班委按时监督并及时向我汇报情况,根据汇报情况再询问班委处理意见。时间一长,班委向我汇报情况时,一般先说各小组的情况,然后接着说自己的处理办法。现在,一般有问题告诉我一声就行了,有时候在他们处理完了以后,我再给予指导。小孩教小孩是有他们自己的办法的,有时比我们的还要好。班里有个小姑娘叫小然,是一个做事利落而又伶牙俐齿的女孩,经过竞选当了组长,都说新官上任三把火,果然在她身上也有很多体现。

一次改错时,同组的小川不会改,小然就安排小宣当他的老师。可能是小宣不小心把他的东西弄破了,结果小川就朝着她大声喊了一句。本来已经在外面站好队的小然跑过来说:"我让你朝她喊了?看我做完操怎么收拾你。"我很好奇,琢磨着她的做法,于是特意留心观察她。我发现做完广播操后,她把两个同学拉在一起,不知道在那里说什么,但是我观察到她很严肃,另外两个同学听了她的话后一个劲点头。这样的管理方式极大地调动了孩子的积极性,保护了孩子的自主性,同时锻炼了孩子处事能力,让孩子养成习惯,有了问题自己解决。在我班座位也不是固定的,小组长有权根据组员的学习情况及纪律自行调座,不需要经过老师的允许。

五、多给孩子提供锻炼的机会

叶圣陶先生曾说过:"凡属于养成习惯的事,光反复讲未必有用,一句老话,要能游泳必须下水。"所以,班主任就要用切实有效的方法引导班干部"下水",练成游泳的本领。我发现经常搞个小组间的活动可以培养班级的凝聚力,小组间的评比可以提高小组长的管理能力,培养孩子团结的意识。我们召开主题班会时,一般都是布置下去,以小组为单位进行展示,每个小组的活动搞得有声有色。小组间搞活动锻炼了每个孩子的能力。

培养班干部时要不怕学生出错,有了错误也不要对他们进行批评,而是要一起分析原因,找到解决问题的办法,这样他们的领导力就慢慢培养起来。

培养班干部,我认为还要注意一些小的细节,比如要"人前大力表扬优点,人后批评错误"。当然有时候也必须当众批评,让每个孩子都知道老师是公平的,不是因为他们是班干部,犯错误就可以不用管。还要经常与孩子谈心,可以说是攻心,利用孩子心里最敏感的地方刺激一下孩子,这样效果挺好,但不能常用。再就是经常给孩子"戴高帽",结合具体事例向孩子们表示感谢,表示感动,他们的干劲会更足。

在"寻找美好的心灵"活动中,我就把班级管理时出现矛盾的两个孩子找在一起,让他们面对面,互相找找对方的优点,值得自己学习的地方,说说自己的不足等,让他们体会到团结的重要性。有必要时要与家长交流,一起帮助他们学会处理问题。

还要特别提醒一点:班干部要述职总结,民众评议。新当选的班干部有一定的任期。每一周的班会课上,每一位班干部都会将自己负责的工作面对全体同学,进行述职。同学们会根据他们的叙述及平时观察所得,提出优点,纠正不足。让我非常高兴的是因为有了前期良好的铺垫,班干部都能虚心接受同学对他们工作态度的评议,改正不足。

方法有很多,只要适合孩子们就行。记得我曾带过一批学生,他们性格都非常内向,我让学生走上讲台来竞选,结果没有几个同学主动参与。我做了好多次动员工作,效果也不明显。没有办法,针对他们的这一特点,我改变了以往这种对活跃学生行之有效的管理方法,采用了"抓阄制"。我与学生共同讨论后,设出班级需要的岗位,然后采用"抓阄"的方法,让每个学生都参与进来,提高学生的主动参与性。没有得到岗位的同学,我就让他们组成评议小组,对每个班干部进行日常考查,每周进行总结,将反馈结果直接给每个班干部,以此指导学生的言行,效果还真不错。

对于培养班干部,每位老师都有自己独特的做法,但是一定要注意让孩子多参与活动。马卡连柯曾说过:"要注意在集体活动中教育学生。"班级活动往往能自然而然地塑造学生良好的心理品质。对于学生而言,喜欢竞争性、参与性活动是一种天性。对克服学习困难、追求成功的学生来说,增加活动环节更是一种疏导式的、寓教于乐的教育。这样,孩子们也就会非常享受班级的活动。

善用眼睛

经常听人说,"眼睛是心灵的窗口""这个孩子真有眼力见儿""这个孩子真会看眼色行事",由此能看出眼睛在人的一生中的重要作用。因此,我们首先要教会孩子看别人的眼睛。眼睛可以传递一个人的情绪。

我在教孩子学习听讲的时候,特别强调眼睛的重要性,会告诉孩子要学会看老师的眼睛。这个办法是有渊源的。

在刚刚大学毕业参加工作的时候,我不懂如何管理班级,也不会教育学生。可当孩子犯错或出现问题的时候,我习惯于用眼睛看着他们,但当时并没有意识到可以把眼睛作为一种管理方式,只是把它当成在孩子们出现问题时表达情绪的一种方式。如果孩子出现问题,我就用眼睛注视着他。一般在我的注视下,犯错的孩子就会羞愧地低下头,无须太多的言语,就会起到教育的效果,我一直认为大家都是这样的。

后来一次偶然的机会,我与一个家长的交流让我明白了,原来不是所有的人都善于运用自己的眼睛表达自己的情绪,去教育学生。事情要追溯于几年前,我曾经教过一个学生。这个学生非常善良,但是学习不够努力,非常贪玩。他的学习成绩在班级总是处于最后。为了能让他跟上课程,我经常会把他留下来给他补课,但是效果不是很明显。为了更好地帮助他,我很想去他家里家访,但一想到他的父亲,就又打了退堂鼓。他的家长文化水平不高。经前任老师介绍,他的家长比较难缠,出现问题需要仔细应对,开家长会时也总喝得醉醺醺的,不太容易与别人交流。听了前任老师的介绍,我对这个家长印象也不是很好,因此,平时也总是能不联系就不联系,能少接触就少接触。但在考试后的一次家访,让我彻底改变了对这个孩子和家长的认识。

那是一个寒冷的冬天,大风呼啸。快要放寒假了,看着他的那张布满红色错号的卷子,我决定不能再拖了,鼓足了勇气,走进了他的家里。见到了他的父亲。于是,借着这个机会,我就跟他交流孩子存在的问题。他讲了一句话,给我留下了极为深刻的印象。他对我说:"我告诉孩子,你要好好跟你们这位老师学习。你们这位老师很有水平,她的眼睛都会教育人。"他的一句无心的话使我肃然起敬,这样一位文化水平不高的农民,他的观察力是何等敏锐。现在回想起来,我忽然想到郑立平老师做过的报告。他讲过一个老农种地的事例。其实教育何尝不像老农在种庄稼呢?里面的教育智慧是一样的呀。

是的,我虽然总是在用眼睛教育孩子,但是从没有用嘴巴告诉他们,只是让他们自己去感悟。他们还是小学生,会有多高的悟性呢?所以我应该告诉孩子,教孩子们学会看别人的眼睛。我为什么不把这些做法提升为一种教育方式呢?

从那以后,我就开启了用眼睛教育学生的管理方式。如果是从半路接的班级,我就会先跟孩子聊天,做孩子的思想工作。告诉孩子们,我不喜欢一遍又一遍地讲问题,因为那样是唠叨。对于这样唠叨似的语言,大家愿意听吗?孩子们听了我的话后都会异口同声地说:"不爱听老师唠叨。"趁着这样的机会,我告诉孩子们:"是的,我也不喜欢唠叨,但是我喜欢用眼睛告诉你是对还是错。特别是在大型集会的时候,我最不愿意用嘴巴来教育人。同学们觉得呢?"这样的时候,他们都会非常认可老师的话。趁着孩子们都听明白话的时候,就提出要学会看老师的眼睛,因为老师的眼睛会告诉你是对还是错。虽然给孩子们讲明白了,但是领悟能力不强的和规则意识不强的孩子,他们在短时间内是做不好的,需要我们一段时间的训练。时间一长,他们也就学会了凡事看我的眼睛。

如果是从一年级开始带的班级,我跟他们初次见面说的第一句话也是非常有魅力的一句话,那就是:"孩子们,我告诉你们,戴老师的眼睛是有魔力的,不管你在做什么我都能知道,只不过有的时候我愿意说出来,有的时候我不愿意指出来。如果上课的时候,你看着我的眼睛,那么你就能学会所有的知识,如果你不看我的眼睛,你就学不会当天所学的知识,你与别人的差距越来越大。"低年级的孩子非常单纯,对于老师的话总是很轻易就相信了,但一些脑子灵活的孩子会半信半疑。为了达到教育效果,我一般会在平时的课堂上选几个不听讲的孩子,然后故意不看他们,目视前方,提醒他们做得不对的地方,比如说有一个同学没抬起头,有个同学手没放好等。对于表现不好的孩子一般不要点名提醒或批评,除非他在一个时间段内多次做得不好;对于表现好的孩子就要点名,有针对性地提出表扬,如"你看谁谁腰板挺得多直""谁谁的眼睛一直看着老师,我真喜欢这样的孩子"。这种时候还会故弄玄虚地跟孩子说:

"别看老师没看他们。你看,他们在干什么我都知道,是不是老师的眼睛很有魔力?"这个时候孩子们就会对老师的话深信不疑,就会按照要求去做。通过这样的方式训练,大多数孩子学会了做事情时有意识地去看老师的眼睛,只有他们学会了看老师的眼睛,那么他们上课的专注力就在老师身上,课堂听讲的效率就会提高,这就是为什么很多老师说我们班的课堂常规好的原因。在这一习惯养成的过程中,一定要坚持不懈地用同一标准要求他们,但这其中肯定会有个别孩子会出现表现不好的现象,这个时候就需要有耐心,反复抓。只要坚持住,时间一长,孩子的习惯也就养成了。

我曾经教过一个孩子,她在毕业时对我说:"戴老师,我到了六年级还不知道你的眼睛到底是不是真的有魔力。"我问她为什么这么说。她告诉我,因为有的时候她走神,我总能一眼看到并提醒她,几次下来她就在想,老师的眼睛到底是不是真有魔力呢?我听后不由得笑了,反问她:"你说老师的眼睛是不是有魔力呢?"孩子和我一样,哈哈一笑。

事实证明,不管老师的眼睛是否真的有魔力,如果每个孩子的视线都聚焦在老师身上,班级整体的课堂听讲效率就会提高。但是在孩子们长期学习生活中,总会有我们没有看到那些淘气的孩子不听讲,不能准确地提醒他们的现象。为了避免引起他们的怀疑,我们一定要提前告诉他们:"老师的眼睛有魔力,在你做错事儿的时候老师就会告诉你。但有的时候老师不愿意说是想给你留面子。"这样的语言便于给我们一个借口,也就增加了我们的可信度。

把具体的要求告诉孩子们,以后在学习和生活当中就要时时刻刻教育孩子。2018年,我刚刚送走了一批我教到毕业的一届学生。这一届学生非常守规矩,但等到将要毕业的时候,每个孩子都非常浮躁,在上课时纪律很差。科任老师很着急,也很生气,为此我经常会在他们上其他课的时候,到教室的门口站一站,以作为我提醒他们的信号。后来有一次,我跟美术老师交流时,她问我:"戴老师为什么你在教室门口一站,也不用说话,只是眼睛一扫,整个教室的孩子就会非常安静,而我们就算大声吆喝他们,孩子们都会装作听不见呢?"我笑着告诉老师:"因为我是班主任。"

针对美术老师的这一问题,我利用班队会时间与孩子们进行探讨。这也是我管理班级的另一法宝,就是有任何问题,都会用专门的时间来与孩子们商量讨论解决问题的办法。时间一长,他们都非常了解我的脾气,犯了任何错误都不要紧,一定要敢于承认,勇于担当。一定要有改错的态度,不能撒谎。撒谎是我最忌讳的事情。所以在我将这一问题问出来之后,他们就开始七嘴八舌地表达自己的观点。一个非常淘气、脑子极为灵活的男孩,脱口而出:"戴老师身上有一种杀气,眼睛一扫我们就乖得跟小绵羊似的。"孩子们听后,都哈哈大笑,我也忍俊不禁。玩笑过后,一个女孩站起来表达了自己的观点:"老师,那不是一种杀气,而是自带的一种威严感。我们对您充满尊敬,所以不敢也不愿在您的课上捣乱。"这种威严感或是说这种杀气是怎样来的呢?我感觉就是眼神的作用,或者说日积月累对孩子的一种实实在在的影响。

眼睛是心灵的窗口,更是一个人的灵魂所在。

学会欣赏别人

教育家苏霍姆林斯基曾说:"人的文明最精细的表现在情感里。"我们在平时的教学中要认识到,认识的发展不能代替情感的发展,因为人对某种价值的认同,不仅是认知所及,而且是情感所致。没有情感作为人的行动的动力机制,缺乏情感在人的行为系统中的调控作用,忽略情感在建立道德信念过程中的本源性基础,个体的道德人格大厦将无从矗立。

现在的孩子大多是独生子女,自我意识非常强烈,不管做什么事都以自我为中心,只要自己舒服了就不管别人,认为自己最好是最重要的,更谈不上向别人学习。孩子们大多"听听激动,做做不动"。为了改变现状,让孩子学会欣赏别人,向别人学习,我带领班级的孩子举行了一个以"学会欣赏"为主题的活动。

班会课上,我告诉孩子这次班队活动要做一个游戏。孩子听后非常高兴。看着那一张张跃跃欲试的面孔,我不由得笑了,这就是儿童,爱玩游戏是他们的天性。

"请同学们拿出几张空白纸,然后把分成 44 份。"我的话音刚落下,惊奇的神情表露在一张张的小脸上,但他们仍然迅速而又激动地按照老师的要求去做。

"现在请同学们按学号的顺序把班级每个同学身上的优点写在一张小条上。"

"啊!"

"老师这是让干什么?"

"好呀好呀!"

孩子七嘴八舌地表达着自己的观点,脸上的表情也各不相同,有的高兴,有的惊奇,有的激动……但他们的想法是一样的——赶紧写好进行下一步,都想看看老师葫芦里装的是什么药。

看着他们那迫不及待的样子,我很高兴。孩子们陆续完成,写完的孩子东张西望,没写完的孩子奋笔疾书,有的孩子甚至急得跺脚。又过了一段时间,我看着全班的同学按学号把每个人的优点都写完了,此时,每个孩子的脸上挂着止不住的笑容,激动地看着我,迫切想要我进行下一步。

我故意卖了关子,眼睛瞅着他们笑,有几个心急的孩子吆喝起来,"戴老师,我们下一步要做什么了,快告诉我们吧"。我感觉此时的气氛挺不错,然后很神秘地说:"大家都坐好,我们才能进行下一步。"

"嗖"的一声,每个孩子都坐好了。我告诉孩子们:"我每点一个学号,全班的同学就把刚才写有这个同学优点的那张纸条放到他的手心里。"一张嘈杂声过后,每个孩子的手里都堆满了写有表扬自己的小纸条,看着孩子们双手捧着写满自己优点的纸条,有的激动,有的兴奋,总之,笑容洋溢在每个孩子的脸上。因为时间的限制,我只选择了几个孩子起来读读,与大家分享,站起来的孩子非常激动,一直笑着,嘴巴都没有合拢,还有的流下了眼泪。随着下课铃声响起,我告诉孩子们,把纸条带回家与自己的父母一起看,一起欣赏,看完后把自己的想法写下来。在孩子的欢呼雀跃中,我走出了教室。

周一,日记本收上来。一篇篇精彩的文章展现在我的面前,让我感触颇深。女孩子文文在日记本上这样写道:"我把一张张纸条装在一个小袋子里,将它藏在纸盒的最深处。表面是藏在纸盒的最深处,而实际是藏在我内心的深处……"而另一名女同学奕奕通过纸条发现同学们都写了她的一个相同的优点,觉得自己以后应该在别的方面努力,让同学发现她更多的优点。

有的孩子觉得自己并没有那么多优点,当看到别人对自己的评价时,就下决心一定要像同学在纸条上写的那样去做,真正让同学们感觉自己是一个好孩子。还有一个孩子说,看着别的同学的优点那么多,而自己却很少,自己真的应该向别人学习,争取下一次老师再举行这样活动时,有更多的同学能表扬自己……

其中,真正触动我心的是平时不爱表现的乐乐。他在日记本中这样写道:"我一直认为自己是一个没有优点的人,看了这些纸条我才知道,原来我不是一个只有缺点而没有优点的人。"还有一个平时调皮捣蛋的小男孩儿旭旭,他在日记本中这样写道:"今天我自己看了这些纸条,感到很高兴,连忙拿给妈妈看,可是妈妈只看电视不看这些纸条。我感到很伤心。第二天我过生日,妈妈在打扫卫生时竟然把我这些宝贝纸条当垃圾扔了,我非常生气,大声对妈妈说:'你不看就算了,为什么把我的纸条给扔了?'妈妈没有理我,继续做饭去了。我生气地把被子拖到地上用脚狠狠地踩上去。妈妈给我一个耳光,到现在我还觉得很痛,不是脸疼而是心疼……"

每个孩子的内心都渴望得到别人的认可,但我们平时总吝啬表扬,总指责孩子这儿不对,那儿不行,埋怨孩子不理解我们,看他们有那么多不如意的地方……却从没想想他们为什么会这样做。为什么他们不理解我们?是因为我们不理解他们内心的需要。为什么他们不爱写作业?是因为作业是枯燥的,没有趣味性。为什么他们会违反纪律?是因为他们是孩子,爱玩是他们的天性。为什么孩子会说"原来我也有优点?"是因为他们面对的指责太多,是因为我们忽略了他内心的需要……

老师不仅要教会孩子学会欣赏别人,也要学会尊重孩子,欣赏他们的优点。欣赏,是一种水平;欣赏,是一种能力;欣赏,是一种品质;欣赏,也是一种享受。我不由得想起宋代大文豪苏东坡的故事。

传说苏东坡和佛印一起打坐,下坐后两个人聊得兴起。苏东坡问佛印:"你看我打坐的时候像什么?"

佛印看了苏东坡一眼说:"我看你像一尊佛。"苏东坡看佛印穿着黄色的袈裟,忍不住说了一句:"我看你打坐的时候像一坨狗屎!"佛印笑了笑,什么也没说。苏东坡很高兴,回家跟苏小妹说:"老跟佛印论禅,从没有赢过,这次大胜而归。"结果当苏东坡把经过给苏小妹讲过以后,苏小妹说:"哥哥呀,你这次输得更惨了!"

"为什么呢?"

"佛印看你像一尊佛,是因为他心中只有佛,所以他看什么都是佛;而哥哥你呢?"

一个人心里有什么,眼里就有什么。心里有阳光,眼里就是晴天;心里有美景,眼里就不会是泥潭。

偶然的一次机会,我在一本杂志上发现了这样的一篇文章,题目是"夸夸我讨厌的人"。出于职业的敏感,这个题目引起了我的沉思。平时提起讨厌的人,我们大都满心反感,根本不想再去提有关他的一点点信息,甚至连他的名字都不愿意提,更不用说还要去夸夸。转念一想,是呀,每个人都不是十全十美的,都有自己的优点和不足,我们平时可能只是用放大镜看他的缺点,而用显微镜去看他的优点,所以会极度讨厌他。

如果换一种角度,用放大镜看他的优点,用显微镜看他的缺点,或许不会觉得他们那么讨厌。同学们是不是就更能学会欣赏别人了呢?

带着这种心态,我利用作文课,让孩子们写一写这个题目。我刚布置完,教室立刻炸了锅。

"老师,你是不是写错了,那个夸夸是不是应该加上引号?"

"老师,不会吧,我们既然讨厌他,为什么还要夸夸他呢?"

孩子们七嘴八舌地议论着,试图改变我的决定。我很理解这些孩子,一如我当初看到那篇文章的反应。但我的目的并不是仅仅让他们写作文,而且通过作文来反思自己,来学会欣赏别人的优点,所以我的决定不会改变。

等他们稍稍安静一会儿后,我把自己的思考告诉了他们。学生若有所悟,拿起了自己的笔,但教室始终没有安静下来。看着他们一个个抓耳挠腮的样子,我一度怀疑自己的这个决定是对还是错。我慢慢在教室里巡视着。

"老师,你能保密吗?"有的孩子提出了很关心的问题,在得到我的肯定答案后,一部分孩子开始动笔了,但他们写得很慢。一部分孩子在看到别人开始动笔后,也开始冥思苦想。不一会儿,教室里静下来了,只有"沙沙"的笔声。我想孩子们需要这样一个静心思考沉淀的过程,因为他们要学着长大。孩子们会写什么,还是一个未知数。

第二天,我怀着期待的心情打开孩子们整齐的作业本,一篇篇精彩的作文呈现在我的眼前。看着这一篇篇作文,我的心灵受到了震撼。孩子的能力的确不能低估,有的学生写了自己的家人,有的同学写了转走的同学,还有同学写了老师,更多的同学写了现在的同学。其中一个孩子在作文中写道:"我非常讨厌某学科老师,因为她总是不理解我们,总是大声当着全班同学的面批评我们,而且非常严厉,为了一点点小事都会大发雷霆。我们一想到她就觉得害怕,觉得她非常讨厌。但是我现在想想,她的严厉不就是一种对我们负责任的表现吗?她因为我们达不到她的要求而生气,那我们是不是应该提高对自己的要求呢?是不是应该学着去理解老师的用心呢?"大多数孩子作文的主人公都是一个刚转来不足一个学期的小男孩儿。其中一个孩子这样写道:"提到我们班的小鑫,没有一个同学不讨厌他。他嘴臭、脚臭、衣服臭、脾气更臭……可以说,他是一个令全班同学都讨厌的人。就是这样一个讨厌的人,现在想想,他的身上也有优点,那就是他读书很多,思维很活跃……说到这里,我怎么觉得现在的小鑫,也不是那么令人讨厌了呢?看来我以后一定要多看看别人的优点,多从别人的身上找优点!"

通过一次作文,孩子们学会了欣赏他人,学会了宽容。而小鑫,像换了一个人,衣服上的污点少了,口气也清新了,身影也不再是孤单的了,笑容也开始洋溢在他的脸上,并且一有空闲就到图书馆去借书。看着小鑫与同学追逐的场面,我很高兴,心中的一块巨石总算落地了。

赫尔巴特说过:"孩子需要爱,特别是当孩子不值得爱的时候。"是呀,我们要创造条件去爱。

苏霍姆林斯基说:"没有爱,就没有教育。精神空虚,思想枯竭,志趣低下,愚昧无知等,绝不会焕发和孕育出真正的爱。"如果没有爱,那我们就去学着爱,不仅老师学着爱,也要教孩子学会爱。孩子虽然很稚嫩,但他们已经知道换位思考,学着去理解别人,学着去欣赏别人了。

欣赏别人,更是一种气度,一种发现,一种理解,一种智慧,一种境界。

爱的滋养

陶行知先生倡导"爱满天下"。爱,是教育的基础,没有爱,就没有真正的教育。全国模范班主任、著名教师李镇西在他的《爱心与教育》中就认为,他是欠学生的,学生对老师太好了。因此,他作为老师所做的一切,都是还学生的债。李镇西抱着这样一种思想,关心学生,帮助学生,赢得了学生的爱戴。很难说李镇西老师的班主任工作有什么高超的技巧在里面,他只是把爱学生发挥到了一个极高的水平,所以他成功了。

前两年网络上盛传着一个京东的传递员月薪8万元的案例,告诉我们不管在什么岗位,只要你足够专注,只要把自己的事情做到了极致,没有什么是不可能的。在班级管理中,所有的技巧都抵不过爱学生,这是教育的关键,其余都是次要的。只有我们把爱做到极致,也是没有什么不可以的。爱要有不同层次。

一、春风化雨、润物无声的慈母之爱

苏霍姆林斯基曾说:"没有爱,就没有教育。"他还说:"要像对待荷叶上的露珠一样小心翼翼地保护学生幼小的心灵,晶莹透亮的露珠是美丽可爱的,却十分脆弱,一不小心,就会滚落破碎,不复存在。"

学生的心灵,如同脆弱的露珠,需要老师的呵护。因此,在生活、学习、思想等方面我们要无微不至地关心学生、热爱学生。一次偶然的机会,我碰见了曾教过的一个现已上大二的学生的妈妈,在谈到她的孩子时,她说:"我们一直都很感谢您,因为碰上您这样的好老师,孩子才学习好了。当时孩子肚子饿了,您拿东西给他们吃……"说到动情处,她的眼里含着泪花,其实她说的都是一些小事,这其中的具体情节我早已不记得了,因为那些事对我来说,根本不值得一提,但对孩子、家长来说却会使他们记忆犹新,温暖他们。

对于他们说的这些,我都记不住了,但是对于孩子来说,那就不一样了。苏霍姆林斯基说:"教育者的关注和爱护在学生的心灵上会留下不可磨灭的印象。"是的,作为老师,看到孩子们饿了,给他点东西吃;看见他渴了,告诉他要多喝水;看见他流鼻血了,就拉着孩子的手到流手池旁边教他处理,用手沾着凉水往额头上和脖子上多拍点,然后告诉孩子回家一定要多喝水,多吃蔬菜,少吃油炸食物和肉类,晚上回家让家长给孩子泡脚,调整作息时间,做到早睡早起,这样就不会因为太燥而上火。天凉了,我们要提醒家长给孩子加衣服,谁穿的多了,谁穿的少了,都要及时和家长交流,喝水的杯子应换成保温杯,这样孩子在下课后能及时喝上一口热水。吃饭时,提醒孩子关上窗户,不然饭菜都凉了,对肠胃不好。孩子挑食了,我们要给孩子讲讲每种食物的营养,让孩子自己选择把不爱吃的菜一点一点吃掉。当然这里面我们也要分步骤来帮助孩子,对于不爱吃的菜,可以给孩子分成几部分,让孩子学着慢慢增加。上完体育课,要告诉孩子们不要图一时凉快,把自己置身于窗户边或空调旁,这样很容易生病。总之,对待孩子的生活我们要事无巨细,把关心与爱心传递到位。特别是当孩子生病时,我们一定不能只顾成绩而忽视了孩子的身体,要提醒他们,身体好了再上课,再把作业补上。当孩子犯错时,我们不能不分青红皂白直接一顿批评,而是要给予他信任。当孩子受了委屈时,我们要理解他,鼓励他……

综上所述,我们要在孩子需要的时候帮他一把,或者说给予他需要的爱。苏霍姆林斯基曾说:"教育,首先是关怀备至地、深思熟虑地、小心翼翼地触击年轻的心灵。在这里谁有细致和耐心,谁就能获得成功。"

我记得几年前,一个家长在朋友圈里很自豪地晒自己家庭的阅读氛围。照片上孩子的爸爸坐在沙发的一侧读书,孩子却躺在沙发上看书。她的晒图获得赞声一片,大家都知道阅读的重要性,也知道家庭环境对孩子的影响巨大。父母的言传身教对孩子的成长有着不可磨灭的作用,然而孩子的父母不知道这样躺着看书,容易影响孩子的视力吗?点赞者们难道没有一个意识到这些问题吗?第二天上课时,我把这一现象当成一个案例与孩子一起分析,很多孩子意识到了这一点,同时重点表扬了这个孩子,爱读书是一件好事情,但是一定要注意读书的姿势,孩子朝着我用力点了点头。事后,孩子妈妈给我发了长长的感谢信,其中有这样一句话一直印在我的脑子里:"老师比家长还负责。"是呀,当学生在学习上碰到困难时,我们鼓励他;当学生患病无助的时候,我们及时地送暖问寒……或许我们一个真诚的微笑、一双热情的手、一双鼓励的眼睛、一句亲切的问候……都会使学生感到春天般的温暖,也必然会达到"亲其师而信其道"的境界。冰心曾说："世界上没有一朵鲜花不美丽,没有一个孩子不可爱。"每一个孩子都有一个丰富美好的内心世界,这是学生的潜能。我们所做的一切只要发自内心,孩子们就能感受到。这样他们也会真正关心老师,听我们的建议。有一年冬天,我感冒了,班里有个小姑娘从家里拿了两个橙子送给我："老师,您快把这两个橙子吃了吧,我爸爸前两天也感冒了。他就是连吃了两个这样的橙子就好了,您快吃了吧。"看着孩子两只小手举起的橙子,我非常感动。其实像这样的事情特别多,上次因为心脏供血不足,我请了几天病假,并没有告诉孩子我请假的原因,但就在那天的下午,几个孩子买了一包枣要到家里看我,好不容易把孩子们劝回家了后,晚上一个家长又给我打电话问我感冒的症状。她在药店要给我买药,当我问她是怎么知道的。她告诉我,孩子一放学到托管班就打电话让妈妈买药给我送过来。还有因为我和同学聊天随意说了一句"嗯,我这个杯子就是装水少",第二天讲桌上就摆着一个同款的大号杯子。冬天跑操时看到我没戴手套,第二天,讲桌上就会摆着毛线手套。下雪后,教室的窗户总会立着一排小雪人……苏霍姆林斯基说："爱,首先意味着奉献,意味着把自己心灵的力量献给所爱的人,为所爱的人创造幸福。"我真心的爱换来了孩子们的温柔以待,这就是爱的魅力吧!

爱不是无底线的纵容,而是有方法的指导,有方法的帮助。到了六年级,孩子们对于初中的生活既向往又害怕,为了让孩子真切地了解初中生活,我让中考结束回校看我的孩子们给六年级的孩子讲讲自己的亲身感受。那帮孩子能力非常强,他们从心理、特长、课外实践活动、交朋友及学习的窍门等方面全方位地讲解。孩子们听得非常专心,交流结束后纷纷表达了自己的感激之情。还有一次,班里双胞胎姐妹过马路,正好被外出学习的我碰着了,只见姐妹俩在马路上边东张西望,打打闹闹,走到马路中间,吓得我大声叫停了她们。趁着车流少了些,赶紧跑过去把姐妹俩领过马路,然后站在马路旁边给她俩讲解过马路的一些方法。姐妹俩不好意思地向我表达了感谢,然后快步走向小区门口。我马上跟孩子的妈妈进行联系,告诉她一定要教会孩子过马路,才能放心让两个孩子单独走回家。

二、严中有爱,爱中添严的严父之爱

严父之爱,是一种严格之爱,当其有缺点和错误时,我们要很严肃地指出。但是，我们不要单纯地理解为拍桌子，摔椅子，将严理解为板着脸孔，不苟言笑，甚至惩罚。在我们班里没有惩罚这一说，因为他们知道有两条线不能碰，安全的红线和道德的底线。安全无小事，出了事就是大事；道德的底线，多做好事，少做错事，不做坏事（错事是一次又一次的犯，而坏事是伤害到别人的利益）。做任何决定，我都会提前和孩子们交流，告诉他们原因及做法，然后去实施。如孩子们初次犯错，在低年级我会通过讲故事或找一个形象的小动物给他们讲道理。

班里有个小男孩，有点"小心眼"，如果哪个同学不小心碰到了他，他会站起来马上还击。有的时候大家都站好队了，在他前面的同学来晚了，他也会拼命挡着不让这个孩子到他的位置上去。有的时候他喜欢缠着别人，令别的孩子不喜欢。次数多了，孩子们就开始告他的状。我就问他："你想要当小刺猬吗？别人一碰到你，就开始竖起刺来扎人。"小男孩摇摇头，我告诉他如果不想让别人拿他当小刺猬，就要学会宽容。当别人不小心的时候，不能马上还击，要学着理解别人。慢慢地，他表现得不那么斤斤计较了。有时候他控制不住自己，我就问他："你又要开始当小刺猬了？"他马上就好了，后来有一次，我问他为什么不愿意当小刺猬。他告诉我，那样就没有朋友了。听着孩子幼稚的话语，我知道他已经明白了小刺猬的内涵。有时候他还会再犯，但是比起刚入学时，已经进步很大了。

到了中高年级，我就会让孩子做选择题，给他们说"不"的权利，给孩子说出几种解决问题的办法，但其中就有反思。如果再次犯错，那我就会让他们接受做错事情所要承担的后果，因为我觉得这是一种责任的担当，错了就要接受犯错所带来的后果。"国有国法，家有家规""没有规矩不成方圆"，孩子的规则意识必须建立。我最擅长的就是让孩子自我管理，也就是自我反思。初次会让孩子找一个地方，反思自己的行为、当时的想法，错在哪里，应该怎么做而不应该怎么做。反思并非检查，反思是让孩子自我感悟，自我纠错，自我教育，而不是一种相互指责，只找自己的原因而非别人的原因。两个孩子出现矛盾时，每当老师问原因时，他通常第一句会说"他先……"，而不是先找自己的原因。遇到这样的情况时，我会先说一句话，"老师问的你没有问他，你先说自己错在哪里，他的错由他自己来说"。如果他说不上来，我就会让他先自己静一会儿，思考一下再过来跟老师交流。一般孩子经过自我反思后，都能马上找到自己的错误,然后想办法改错。卢梭曾说:"要尊重儿童,不要急于对他做出或好或坏的评判。"因此,我们平时面对孩子出现问题的时候,一定要让孩子学会自控,学会自我管理。有的时候,犯错的孩子比较多,那么我会先让他们静思,然后写下来。这种方法我不常用,只有在孩子们集体性犯错次数较多时会采用。但并不是孩子一出错就用,我会提前告诉他们,如果一再地犯错就会写多少字的反思(这个字数要有讲究,一定是让孩子跳几个高才能达到的字数,不然效果不明显)。

记得有一年,国庆节前夕,那一周既要召开运动会,又要放一个小长假,孩子们显得很兴奋,课堂上经常会控制不住,三三两两说话,转头,打闹,惹得上课老师很生气。在听到老师跟我反映情况的时候,我就到班级里,跟同学们说:"老师很理解同学们的兴奋劲儿,因为我也很高兴,既要开运动会又可以放假,但是再高兴也不能在课堂上出现违反课堂常规的事情,有个词叫'得意忘形',还有一句俗语叫'人欢了没好事,狗欢了挨棒槌'。因此,我第一次原谅同学们在课堂上的表现,但如果再听到老师反馈有违反课堂常规的,你们就要为自己所做的事情承担后果,那就是写500字反思。"孩子们倒吸了一口凉气,纷纷摇头表示不会了。然而,三年级的孩子,自控能力还是差了点,接连的几天里,孩子屡次犯错。我本来也有点不忍心,但看到孩子们的表现后,为了给他们一个教训,必须把不忍心变成忍心。孩子听到我的决定后,寂静无声,因为他们都知道戴老师是"言必行,行必果"。为了不增加假期负担,我没忍心再给孩子们布置作业,就是让孩子回家好好写反思。因为我知道500字对于一个三年级的孩子来说,确实有点难。我咬牙坚持,没给孩子们降字数,我告诉孩子们,是他们把我的不忍心生生逼成了忍心。后来有个家长在群里发表了自己的感受,觉得500字对孩子来说太难了,接着就有另外的家长跟上发言了,让孩子凑也要凑上,因为他们必须知道承担后果。假期结束后,45份反思整齐地摆在我的眼前。在以后的几年里,像这样的情况再也没有出现。其实,严,并非单纯的严厉,严与爱互相统一,严中有爱,严而有格,严而有度,严而有方,只有爱严交融,才会产生神奇的教育效果,达到不怒而威的效果。

三、明辨是非的益友之爱

巴特尔说:"教师的爱是滴滴甘露,即使枯萎的心灵也能苏醒;教师的爱是融融春风,即使冰冻了的感情也会消融。"

对待学生,我们是良师,但更多的是益友。学生希望班主任成为他们的朋友,他们试图摆脱教师权威,又渴望以朋友的方式追随老师,希望获得班主任的支持与指导。作为班主任,我们应该把握好朋友之尺度,把握好朋友之距离感,正所谓"距离产生美"。作为朋友,我们在学生需要帮助的时候挺身而出,在他们需要给予帮助,只有这样,才可称为真正的益友,才可以做到不失敬、不失威。

孩子到了青春期,对异性同学都会有一种比较朦胧的情感,但他们对于这种感受不知道应该怎么处理,这个时候就需要我们以朋友的方式帮他们打开心结,正确处理这种感情。首先,我会对孩子们有了这样的感受表示肯定,因为到了这个年龄有这种感情是正常的,不是一件丢人的事情。但如果采用了不正确的方式去打扰到别人的生活就是不正常的,我们可以喜欢,可以欣赏,可以向他学习,向他挑战,但是不能扰乱他的学习。我借用举例的方式让孩子明白到其中的道理。我问孩子们,到北宅吃樱桃的时候会选择什么样的果子吃?孩子们告诉我又大又红的。我接着会问,为什么要选择又大又红的而不去选择那些青的呢?孩子们告诉我又大又红的果子会非常甜。我接着追问,为什么那样的果子又大又红。孩子们会在我的追问下说,那些果子成熟了。我马上肯定孩子们的回答是对的,所以果子成熟了才甜,人也一样,每一个阶段都有每一个阶段的事情,只有到了成熟的时候摘下来才是最美的。所以孩子们在学校里就应该学习,走出学校踏入社会就应该好好工作,成家立业了。孩子们都若有所思地点了点头。此后班里就很少出现这样的有关情感朦胧的话题。如果我们一味压制,学生就会更逆反,也就是我们所说的逆反期,所以很多时候堵不如疏。多了解,走入孩子们的内心就会开出美丽的教育之花。

马卡连柯说:"爱是一种伟大的感情,它总是在创造奇迹,创造新的人,创造人类最伟大的珍贵的事物。"

赞美别人是一种气度

诸葛亮在《出师表》中曾说,"恢弘志士之气,不宜妄自菲薄。"是的,虽然道理我们都懂,但在工作中,我们有时候会碰到整个班级各方面都不强的情况。

我曾经带过这样一个班级,无论是学习、体育,还是平时的常规,这个班级明显不如另外一个班级。无论我班孩子怎么努力,都无法超越另一个班的孩子。因此,两个班级孩子的关系非常紧张,经常处于"剑拔弩张"的状态。每次进行比赛,我们班总是输,时间一长,次数一多,孩子们就很失落。面对这样的情况,作为老师,我们应该怎么做呢?如何帮助孩子重拾信心,而又让他们能坦然接受失败的结果呢?或许大家能从下面的故事中获得一点灵感。

那是十几年前,我带的班级是一个令任课老师非常头疼的班级,因为他们纪律很差,学习也不好,往往讲过的相同的题目再做一遍时,还会有一多半同学不会。每次学校举行比赛,他们都会以失败告终。这班孩子个性很强,有非常强的集体荣誉感,虽然屡战屡败,但是他们仍然会越挫越勇。孩子们这种不屈的精神也得到了大家的赞扬。

其实刚开始他们并不是这样的。在我刚接手的时候,他们跟另外一个班级的同学很敌对。孩子们之间的火药味很浓。为了改变他们那种状态,我想了很多办法,最终达到了我的目标。

当时学校要进行广播操比赛,而孩子们还没有走出上次篮球赛失败的阴影。说实话,我真的很担心他们的状态。虽然还没比赛,我已经料定肯定会输。输赢对我来说无所谓,但我怕失败了太多次,孩子们会承受不了再一次失败的打击。于是,为了给他们鼓劲,也为了让他们尽快走出阴影,树立自信,我拼命想办法。

在不断思索当中,我想到了一个故事。一个果农给果树修剪枝子,他只看到空枝而没有果枝,于是他一味地去修剪空枝,结果果树长出来的果子非常小,而且不好吃。他一直不知道问题出在哪儿。后来他改变了主意,只看果枝而不去看空枝,结果长出来的果子又大又好吃。我就想,这果枝不就是一个人的优点吗?空枝不就是一个人的缺点吗?如果只看到缺点,那么满眼都是缺点;如果去看优点,不紧盯着缺点,那么我们不就没有缺点了吗?这个果农是聪明的。这样结果不就变了吗?也就达到他的目的了。如果人也这样,会不会也会达到我的目的呢?

带着这个疑问我进行了实验,结果证明这个方法不仅可行,而且非常有效。

在比赛之前的练习当中,我只表扬他们的优点,虽然他们做得还是不整齐,跟不上节拍,我也表扬他们,在我的不断表扬与鼓励当中,孩子们做得越来越好。我很高兴,但毕竟因为他们平时没有掌握好广播操的规范动作,因此在练操的过程中,还存在着一些做不到位的地方。但为了保持学生的干劲,激发他们练习的兴趣,我还是不断表扬他们。在比赛前我要求孩子们不管结果如何,只要尽力去做,在过程中做到无愧于心、无愧于人就可以。孩子们在我的鼓励下,信心百倍地"出征"了。

比赛场上,学生表现得很好,特别令我感动。特别是平时以调皮捣蛋闻名于校的孩子瑞瑞,在场上表现得太出色了,口令响亮指挥到位,真令我刮目相看。尽管他们很努力,但结果不出我所料,比赛还是输了。孩子们的脸上又出现了"乌云"。回到教室,孩子们开始互相埋怨,你说我慢了一拍,我说他手没伸平。在一片埋怨声中,我走进了教室,一声不吭地坐在椅子上,眼睛在全班的孩子身上走了一圈。孩子们发现了我的异样,原先吵闹的教室此时一片寂静。我先表扬了学生在场上的表现,并重点表扬了体育委员瑞瑞。我的话音刚落下,孩子们又开始说别人的不足之处,我及时制止了孩子们的互相埋怨,只是询问他们,在比赛场上是否尽力了?孩子们都给予了我肯定的回答。我告诉他们,如果都尽力了,那就不要互相埋怨,应该表扬自己,为精彩的表现鼓掌。孩子们面面相觑地看着我,当看到我真的笑了,并带头给他们鼓掌时,他们也开始为自己鼓掌,脸上的阴云也散了许多。

看着孩子们的情绪稳定了,我跟孩子说:"给你们讲个故事吧。"孩子们最爱听我讲故事,所以都静静地坐好了,眼睛瞅着我。

"古时候,欧洲的苏格兰遭到了别国的侵略。王子布鲁斯带领军队,英勇地抗击外国侵略军。可是,一连打了7次仗,苏格兰军队都失败了。布鲁斯王子也受了伤。他躺在山上的一间磨坊里,不断地唉声叹气。对这场战争,他几乎失去了信心。布鲁斯躺在木板上望着屋顶,无意中看到一只蜘蛛正在结网。忽然,一阵大风吹来,丝断了,网破了。蜘蛛重心扯起细丝再次结网,又被风吹断了。就这样结了断,断了结,一连结了7次,都没结成。可蜘蛛并不灰心,照样从头干起,这一次它终于结成了一张网。布鲁斯感动极了。他猛地跳起来,喊道:'我也要干第八次!'他四处奔走,招集打散的军队,动员人民起来抵抗。经过激烈的战斗,苏格兰军队赶跑了外国侵略军。布鲁斯的第八次抵抗成功了。孩子们,是什么让他们成功了呢?"

孩子们沉浸在故事中,也从故事中获得了道理,纷纷表达了自己的观点,既为自己鼓劲,也为别人打气。我要的就是孩子们这种不服输的精神。通过一个故事,我帮助孩子们再一次树立了自信,但是我的教育目的还没有达到。为了消除两个班之间的不快,也为了让孩子们有一定的度量。我告诉孩子们,孔子说"三人行,必有我师焉",所以应该"择其善者而从之",学会博采众长,善于发现别人的闪光点,学会借别人的光,照亮自己的路!"下课后,你们去对二班的同学说一句表扬的话,比如你们的操做得真好。不过,我们班做得也很好。"学生听后,非常高兴,一场不快就在笑声中消失了。虽然我只是教给孩子这样一句话,但我更希望孩子能从这句话中获得不一样的教育,既学会表扬别人,也学会鼓励自己。为了让学生完成任务,我还布置作业,让孩子们写写表扬完别人的感受。孩子们写得五花八门,但是已经没有了怨。这样,教育目的就达到了。

如果人人都大度一些,对别人的进步表示真心的祝贺,那么学生的世界是美好的,人的世界也是美好的。能够欣赏别人,是智慧和心态的凸显,是谦逊和诚恳的体现,也赢得了他人的敬重和赞叹!

故事的力量

教育家赫尔巴特说:"教育工作如果不能引起各方面的兴趣,讲授教材就易进入睡眠状态。"

其实教育孩子更是如此,记得几天前曾看过一篇文章,内容讲的是讲大道理最令孩子反感。伟大的思想家卢梭说过,世上最没用的三种教育方法就是讲道理、发脾气、刻意感动。但这三种是当下许多老师和家长最热衷运用的。

教育家杜威认为,教育并不是一件告知和被告知的事情,而是一个主动和建设的过程,这几乎在理论上无人不承认,而在实践中又无人不违反。如何让孩子接受你的观点,我认为最有效的方法就是给孩子讲故事,让孩子在潜移默化中受到教育,激发孩子的内驱力,从而达到自我教育的目的。

孩子都喜欢听故事,故事在孩子的成长中能起到非常大的帮助。尤其是在孩子的性格塑造和习惯养成方面,一个好的故事能够引导孩子了解如何管理自己的情绪,如何处理与朋友之间的矛盾等。故事对于孩子来说,不仅仅是一个意见,还是一个正确的引导,因此千万不要忽视故事对于孩子的重要性。故事不仅可以帮助孩子拓宽思路、激发学习兴趣、提高语文素养,还可以帮助孩子树立正确的人生观与价值观。

一、故事润心

故事润心,让孩子做一个善良、乐观、懂得感恩的人,让孩子做一个热爱祖国、遵守规则、珍视传统的人,让孩子做一个目标远大、敢于担当、志存高远的人。

教育的本质是培养自主性,开阔一个人的视野,让他见识更多人生的可能性,然后心甘情愿地选择某一种生活,过好它。李镇西也说过,最好的教育莫过于感染。我非常欣赏这句话,也愿意这样去感染我的学生。

周润发计划生前将他的全部家产,捐给慈善事业,自己却穿 15 元的拖鞋。他说钱不是他的,只是暂时在保管。他也曾说过,他的梦想是做一个快乐正常的人,体会到分享的快乐!生活中最难的事不是你赚了多少钱,而是如何保持平和的心态,过着简单、无忧无虑的生活。把这些钱留给需要的人。简单的话语表达了他的本真。

为了让学生学会换位思考,我曾跟他们讲过这样的故事。一只小猪、一只绵羊和一头乳牛,被关在同一个畜栏里。有一次,牧人捉住小猪。它大声号叫,猛烈地抗拒。绵羊和乳牛讨厌它的号叫,便说:"牧人常捉我们,我们并不大呼小叫。"小猪听了回答道:"捉你们和捉我完全是两回事。他捉你们,只是要你们的毛和乳汁,但是捉住我,却是要我的命呢!"

立场不同、所处环境不同的人,很难了解对方的感受。因此对别人的失意、挫折、伤痛,不宜幸灾乐祸,而应有关怀、了解的心情。要有宽容的心!为了让学生学会不打扰别人的幸福,我跟孩子们讲过:两个不同的家庭中的孩子被不同的大学录取,一个是名牌大学,另一个是普通大学,他们住在同一个地方。一个朋友说了这样一句话:"你才考了这所,而某某考上了什么大学。"我让孩子想想听者的心思。这个故事告诉孩子们,不要去打扰别人的幸福。

为了让学生体会语言的暴力,我还给他们讲《钉子》的故事,告诉他们语言对人的伤害有多深。为了让他们明白,每个人都有自己的优点,我给孩子们讲《终归会有一粒种子适合它》。有一个女孩,高中毕业后没有考上大学,被安排在本村的小学教书。结果,不到一星期她就回了家。母亲安慰她:满肚子的东西,有的人倒得出来,有的人倒不出来。你不会教书不要紧,也许有更合适的事情等着你去做。后来,这女孩先后当过纺织工,干过市场管理员,做过会计,但是无一例外都半途而废了。然而,每次女儿失败回来,母亲总是安慰她。30岁的时候,女儿做了聋哑学校的一位辅导员,后来又开办了一家自己的残障学校,并且在许多城市开办了残障人用品连锁店,有了自己的一片天地。有一天,功成名就的女儿问母亲:"那些年我连连失败,自己都觉得前途非常渺茫,可你为什么总对我那么有信心呢?"母亲的回答朴素而简单:"一块地,不适合种麦子,可以试试种豆子;豆子也种不好的话,可以种瓜果;瓜果也种不好的话,也许能种荞麦。终归会有一粒种子适合它,也总会有它的收获。"

为了让孩子们大胆去做自己事情,对于自己做的事情不要后悔,我给孩子讲《不要怕和不要悔》。总之,就像一个学生在毕业时写给我的信上面说的一样:"虽然记不得您给我们讲过多少个故事,但我能记得心中有大爱。"还有的孩子写:"戴老师经常用一个个生动有趣的小故事,告诉我们做人的道理和处理的方法,我们都十分尊敬和敬佩您……"

二、故事启志

故事是孩子成长过程中的精神动力,是孩子认识生活的一面镜子,是孩子走向社会的指路明灯。一个好的故事,不仅能激发孩子的阅读兴趣,甚至会影响孩子的一生。在物质生活上,大多数孩子是幸福的;可是,在精神生活上,很多孩子并不快乐。一方面,人生不可能一帆风顺,都会遭遇一些困难和问题;另一方面,孩子在学习上的压力也越来越大。在这种情况下,孩子还不够健全的心理就需要智慧的点拨,还不够强大的"负压"能力就需要有益的补助。而解决这个问题,便要激发出孩子最大的潜力。事实证明,给孩子讲一个小时的大道理,不如让孩子读一个小故事。

平时,我利用孩子爱听故事的心理,经常给他们讲故事、推荐书,帮助他们树立正确的人生观与价值观。我记得特别清楚,有一次在课堂上播放了一个视频片段,讲述的正是林俊德院士最后的9个小时。短短几分钟的视频震撼了孩子们的心灵。当看到他戴着氧气面罩,身上插着10多根管子,断断续续、有气无力地说"坐着休息,我不能躺下,躺下就起不来了",很多孩子泪满眼眶,有的红了眼睛,有的泣不成声。下课后孩子们交头接耳地说,"我要回去看看他的完整的故事""我也要像他那样为祖国做贡献"。

一个小小的故事,让孩子不仅对这些科学家产生了崇敬之情,还激起了孩子的阅读兴趣。很多孩子会自发搜寻一些科学家的故事进行阅读。像这样的故事还有很多,我们可以给学生进行选择性推荐。

这些故事既要符合学生年龄特点,又要有激励性,还要是学生比较感兴趣并具有时代性的,如黄大年、南仁东、袁隆平及诺贝尔奖获得者屠呦呦等这些为国家做出巨大贡献的人的故事。孩子们在故事的熏陶中,逐步将这些名人当作自己崇拜的对象,并以他们那种为国家做奉献的精神要求自己,帮助孩子树立正确的人生观与价值观。现在很多人崇拜明星,模仿明星的打扮、穿着,有的孩子甚至非常迷恋娱乐电视节目,精神空虚,引起了很多家长的恐慌。但是我们班的孩子没有,他们崇拜的是袁隆平,是南仁东,是钱学森,他们爱看的节目是科技博览,是动物世界,是中国诗词大会。我们师生间谈的最多的也是诗词大会,从快递小哥雷海为身上,我们知道了阅读可以改变人生;从主持人董卿身上,我们感受到了"腹有诗书气自华";康震老师,他学富五车,博古通今,对于诗词歌赋信手拈来。他们的故事,他们的表现都激起了孩子们阅读的兴趣,并以为祖国做贡献为己任,而非空口说白话。这种方式既增加了孩子们的阅读量,拓宽了学生的视野,又提高了学生的语文素养,一举多得!

滴水藏海,小中见大。故事虽小,却足以开启封闭的心门。故事虽短,却可以为孩子点亮一盏心灯,让他们去创造属于自己的光辉未来。

三、关注新闻,背诵"习"语

除了给孩子讲故事以外,我还会引导他们关注新闻,背诵"习"语。这种方法既培养学生关注实事新闻,又学习新闻的写法,提高学生的鉴赏能力及写作水平。

作为一名班主任,我们不仅要了解国家大事,还要关注平时的生活新闻,以此来影响孩子,让孩子从新闻事件中去体会、反思自己的行为。

我们选择习近平总书记对青少年的要求,讲给孩子听。2014年5月4日,习近平在北京大学英杰交流中心参加座谈会,他告诫学子:"人生的扣子从一开始就要扣好。"他给广大青年提出几点希望:一是要爱国,忠于祖国,忠于人民。二是要励志,立鸿鹄志,做奋斗者。三是要求真,求真学问,练真本领。四是要力行,知行合一,做实干家。

习近平总书记的新年贺词中有许多话,既是学生为人处事的准则,又树立了学生积极向上的心态,如"九层之台,起于累土""天道酬勤,日新月异""幸福都是奋斗出来的"等。我们还带孩子学习了习近平总书记在北大的讲话,不仅要孩子了解习近平总书记对广大青少年的要求,还和孩子一起分析文章的结构,学习文章的写法,即提出观点、进行论证、得出结论。

我们还会针对一些新闻,讨论其背后隐藏的内容。比如"高铁霸座,骂哭有票人"折射出人性的自私,五一节有票上不去车,"买短乘长""老虎吃人"中的无视规则,因司机的文明礼让而对司机鞠躬的老人和小孩子的感恩教育,这一系列的新闻事件,能让孩子从中得到感悟,纠正自己的行为。这是对孩子品格的教育。

善于学习,不断学习

教育是"一切艺术中最渊博、最复杂、最高的和最充分的艺术"。

自古以来,身为一名合格的教师,首要一条就是具有深厚而广博的学识。我们都知道,教师的知识结构包括三个方面:广泛深厚的文化科学基础知识,扎实系统精深的专业学科知识,全面准确的教育科学知识和心理科学知识。这就要求教师不但对所教课程有精深的认识,还应有广博的知识。所谓"精"就是要"知得深",对专业知识不仅知其然,而且知其所以然;所谓"博"就是要"知得广",能触类旁通。

一个博学多知的教师必须具有演说家的口才和艺术家的风采,让学生从语言到行动上都羡慕他,模仿他。在班级管理过程中,班主任对学生实施教育,需要渊博的知识。班主任的业务水平越高,综合素质越强,他在学生中威信就越高,学生就越容易被他吸引,听从他的教诲。班主任知识渊博,谈吐幽默,学生才会感到"听君一席话,胜读十年书"。

我们也可以向孩子学习。我对两件事情印象很深刻。当时我们级部要举行元旦庆祝会,我希望每个孩子都能登台演出。苏霍姆林斯基说过:"让每一个学生在学校里抬起头来走路。"所以教音乐的李老师帮我们排演了一个很有特点的合唱节目,里面有各种乐器的合作。为了练好这个节目,我们提前进行了彩排。我对音乐一窍不通。在孩子们按李老师的要求练习完时,我对孩子们说:"老师不懂音乐,因为我没学过。你们谁听出来我们刚才的这一遍彩排有什么问题?"孩子们发表着自己的观点,丝毫没觉得老师连这个都不懂。还有一次是在 2017 年我评"最美教师"时,因为颁奖典礼需要一段录音,但是我不会,就向班里的一个孩子请教。这个孩子一步一步地、非常有耐心地教我操作。看着他胖胖的小脸蛋丝毫没有不耐烦,我就在想,很多时候,老师的真不如一个孩子。他们面对我们的请教时,非常耐心,就如叶圣陶先生说的,"要想学生好学,必须先生好学;唯有学而不厌的先生才能教出学而不厌的学生"。

很多人愿意追剧,其实在追剧的时候,我们不能只看情节,而要去学习其中的一些为人处事的方法,还有一些人物的语言。我记得在《我的前半生》中，国民男神贺涵的一些职场语言就非常好，如"首先要做到可以取代任何人，然后再考虑做到任何人都不可以取代你。路要自己一步步走，苦要自己一口口吃，抽筋扒皮才能脱胎换骨。如果只是输了一场你认为胜券在握的比赛，没有关系，但是如果你连输在哪里都不清楚，那么接下来的几十年，你恐怕要一输到底了，知己知彼百战不殆。"曾听同事说，我教育学生很有自己的方法。他记得我只对学生说一句"脸是自己挣的"，学生就会跟上说，"不是别人给的"。太佩服了！听着同事的话，我笑了，其实很多话我也是跟别人学的。这句"脸是自己挣的，不是别人给的"也是我从电视上学的。这对于提醒学生自我管理却非常有用，所以我们一定要做个有心人。

言传身教

我国古代教育家孔子说:"其身正,不令而行;其身不正,虽令不从。"

学生是有理想、有感情、有个性的人。他们把教师看作知识、智慧、理想人格的化身。所以,作为塑造人的灵魂的工程师——班主任,更应该严于律己,以身作则,为人师表,具备良好的道德品质和高尚的人格。

人民教育家陶行知先生曾说:"重师首先师自重。"我非常注重自己的言行,平时要求学生做的,自己先做到,自己做不到的,也不要求学生去做,一旦承诺了,就要做到,注重言行统一。

我们要求孩子遵守规则,那么自己也必须遵守规则。铃声响了,我们不能因为还差那么一点点没讲完的教学内容,就对于铃声不管不顾,任凭眼操音乐在回荡;我们不能一边说不让学生浪费粮食而自己把饭倒掉。我记得曾有位老师开玩笑地对我说"就你们班听到饭积极"。我说对,做什么事情的时候就去,不能因为自己的原因而给别人添麻烦,这是一种规则的建立。

我们是孩子的镜子,孩子是我们的影子。只要站在孩子面前,我们的教育就开始了。我们不仅从言行上为学生做榜样,平时也要注重自己的着装,力求使学生觉得看得舒服,不着奇装异服,也不落伍。对于孩子们的衣服,也要让他们以舒服、适合运动为主。

教育家雅斯贝尔斯说过:"教育的本质意味着一棵树摇动一棵树,一朵云牵引一朵云,一个灵魂唤醒一个灵魂。"所以,真正的教育不是知识的灌输,不是绝对服从,而是唤醒懵懂,激励上进,点燃希望。相信自己,用高尚的情怀成就教育的高度;相信学生,用独特的情怀创造教育的奇迹。

直面问题,正面剖析

不知从何时起,我班开始流行一种玩具——纸飞碟。这种纸飞碟,是学生用作业本上的纸做成的,极易分散学生的注意力。为了杜绝学生的做、玩纸飞碟,我一直在思索一种方法,一种能够一次让它"无影无踪"的方法。就在我冥思苦想时,机会来了。

周五上完二班的道德与法律课,我走进自己班的教室,看到讲桌上静静地躺着一个做得非常美观的纸飞碟。这个纸飞碟是八角形的,非常精致也非常漂亮。一层透明胶纸是纸飞碟的保护膜,每个碟片上的订书钉是纸飞碟的装饰,可见做这个纸飞碟让小主人煞费心思。

看着手中的纸飞碟,我不断思索:如果把它扔了还有点可惜,小主人一定也会很心疼,说不定会因此对我产生一种仇恨的心理;如果批评一顿只会一时有效果,不能让它一次消失,一定要想一个好办法,给学生一个深刻的教训,并且让纸飞碟的主人自己心甘情愿地扔了它!转念一想,为何不用这节课组织学生进行一次讨论呢?让学生自己解决自己的问题。

随着上课的音乐响起,学生排队走进了教室,安安静静地坐着。孩子们脸上的表情告诉我,他们在等着老师处理被没收上讲台的物品。我漫不经心地把这个纸飞碟拿在手中,然后问学生,这个纸飞碟做得漂亮吗?学生一愣,老师怎么没批评他们呢?老师今天怎么了?看着学生的神情,我露出了微笑,但心头一沉,看来平时自己太不注意控制自己的情绪了,给学生造成这样的印象真是不好,今天就来一次改变吧!说做就做。

不管学生的表现如何,我面带笑容地问了一句:"这个飞碟漂亮吗?"学生见我笑了,便说了自己的真心话——"漂亮"。我又不动声色地问了一句:"这个纸飞碟除了漂亮外,还有什么别的优点?"学生开始七嘴八舌地说起来,我随着学生的述说,把纸飞碟的优点写在了黑板上。一共有四点,即耐磨,可做装饰品,可以开动脑筋,可以供娱乐。讨论完它的优点后,我顺势又问了学生这飞碟的缺点是什么。在学生热烈的讨论后,我根据学生的表达，总结出它的缺点并板书，学生认为它的缺点有：污染，浪费纸张，容易打伤人，容易使同学们上课分心，浪费时间，传染疾病。

学生看着黑板上的纸飞碟的优点与缺点，"坏处这么多！""真不应该玩。"我看目的已达到了，就问学生这个飞碟应不应该玩，大家异口同声地说："不应该。""为什么不应该玩？""因为它的害处比好处多。"

学生都知道不应该玩，因为玩纸飞碟的坏处多于好处，我接着问他们："课间应该玩什么样的游戏？"学生纷纷答道："应该玩一些利大于害的游戏。"

我看目的已达到了，但为了让这件事给学生留下深刻的印象，同时为提高学生的写作能力，我把这一讨论加深了一步。我问了学生一句："你们原认为老师会怎样做呢？"学生纷纷说出自己的想法，有的学生说把它扔进垃圾桶，有的学生说会撕掉，有的学生说可能按"班法"处理，有的学生说做好事补偿……但老师这样做，他们万万没想到，让他们很吃惊。我说："你们愿意把这出乎意料的一节课，记在日记本上作为纪念吗？"学生都很愿意。

用这种直面问题、正面剖析的方法，我们还解决了玩手机游戏这一令无数家长头疼的问题。之所以我会想到这样的方法，是因为我看过一个故事。美国首都华盛顿广场的杰斐逊纪念馆大厦年久日深，建筑物表面斑驳陆离，后来竟然出现裂痕。虽然政府采取了很多措施，但仍无法遏制。后来专家调查发现：冲刷墙壁所含的清洁剂对建筑物有酸蚀作用，而该大厦墙壁每日被冲洗，次数大大多于其他建筑，受酸蚀损害严重。但是，为什么要每天冲洗呢？因为大厦每天被大量鸟粪弄脏。为什么这栋大厦有那么多鸟粪？因为大厦周围聚集了特别多的燕子。为什么燕子要聚在那里？因为大厦上有很多燕子爱吃的蜘蛛。为什么这里的蜘蛛多？因为这里有很多蜘蛛爱吃的飞虫。为什么这里飞虫多？因为飞虫在这里繁殖得特别快。为什么？因为这里的尘埃最适宜飞虫繁殖。尘埃本无特别，只是配合了从窗子照射进来的过于充足的阳光，形成了特别适宜飞虫繁殖的温床。大量飞虫聚集在此，以超常的速度繁殖，给蜘蛛提供了大量的美餐，于是燕子飞来了……解决问题的方法非常简单：拉上窗帘，挡住过分充足的阳光。

在生活中，我们经常要对"疏"还是"堵"做出选择。问题从学生中来，再把它换到学生中去，让孩子自己做决定，效果会不会更好呢？

转化后进生

夏，挺高洁典雅之荷。秋，傲经风染霜之菊。冬，屹凌寒独放之梅。它们没有春缘，却有春意；错过春季，仍显本色。因为，花开不只在春天。其实，人亦如此。每一个人都是一朵花，每一个人都有自己的季节，每一次收获，每一个进步，每一次成功，都是人生之花的一次绽放。

不论在哪一所学校或哪一个班，后进生都是客观存在的一部分，而且转化后进生的是教育教学工作中不可缺少的一项重要工作。它不仅可以提高后进生的成绩，而且对学生良好的品质形成、自信心的提高都有不可低估的作用。后进生的形成原因有很多，包括生理上的缺陷、智力上的因素、家庭和社会环境的影响等。由于学习成绩一时不够理想，后进生极容易对学习丧失信心，甚至产生"破罐子破摔"的心理。他们体验不到成功的满足和进步的愉悦，无法产生学习兴趣，结果恶性循环，学习成绩进一步受到影响，从而成为学生中的"问题学生"。

如何转化后进生，是班主任为之头疼的。下面针对这个问题来谈谈我的看法和做法。

一、要转化后进生，先要弄清后进生形成的原因

一般说来，后进生的形成有三个方面的原因：一是与家庭背景有直接关系，从小娇惯的子女，往往厌恶学习，而有些离婚子女和留守学生缺少管教，常借犯错来发泄心中的不满；二是多年的教育不当使之成为后进生，有的学生智力发育慢，学习困难，或是生性顽劣，性格暴躁，一向不讨人喜欢，某些教师的训斥让他们有对立情绪和逆反心理；三是败坏的社会风气毒害了学生的心灵，社会上打牌赌博、吃喝玩乐等丑恶现象成为他们学习的样板，金钱至上、一夜暴富、及时行乐的思想使他们无心学习。

后进生的成因五花八门，只有充分调查研究，全面、彻底、准确地分析原因，掌握真实情况，才能有的放矢，才能见效。叶圣陶先生说："教师之为教，不在全盘授予，而在相机诱导。"

二、对症下药

每个孩子不是天生就是后进生,所以当我们面对一个孩子暂时处于落后的状态时,一定要先与家长沟通,了解孩子的情况。通过与家长的沟通,我们会发现每一个后进生,不管是纪律上还是学习上的,他们的现状都是与家长的教育分不开的,所以有专家就说,每一个问题孩子背后肯定有一个问题家长。

我曾教过一个班,那个班级的孩子脑子特别灵活,但其中有两个男孩非常淘气。据说他们两个在幼儿园时就非常"有名气"。上了小学后这两个孩子又分在一个班里。两个孩子高兴坏了,但是家长愁坏了,因为将来的日子都预料到了,孩子会合着伙淘气。事实证明,"知子莫若母"。这两个孩子在学习上和纪律上都需要帮助。为了更好地帮助他们,我把他们的家长请到学校里交流,想知道孩子之所以这样,是什么原因造成的。据孩子的妈妈介绍,他们俩从小非常淘气,不懂事,家长跟他讲话听不进去,边讲边忘,上小学以后还有所收敛了。听着家长的话,我在思考:这两个孩子上课不听讲、说话,下课后就不管不顾地在教室里乱跑,作业不完成,就是完成了,字写得也像杂草丛生,所有的任课老师都拿这两个孩子没有办法。孩子的妈妈还介绍,两个孩子放学回到家,根本就不爱写作业,揍一顿能好一阵。听着家长那无奈的话语,我在想,这两个孩子的情况是天生的吗?还是家长没跟我讲明白造成孩子今天这种状态的原因呢?会不会是家庭教育有问题呢?不然,不会各种问题集中出现的。家长的交流没有给我太多有用的信息,我只能尽可能观察他们在学校的表现。眼看这两个孩子的表现愈演愈烈,我非常着急。转眼到了学期末,我决定到两个孩子的家里去家访。经过这一次家访,我收获很大,终于找到了两个孩子出现问题的原因。经过与家长的交流,我发现这两个孩子之所以有这些表现,与家庭的环境、教育方式与影响是分不开的。

其中一个家长总在孩子放学后,带孩子出入练歌房,而另一个家长是在孩子每次犯错误时就打。面对这样的家庭教育,我觉得要改变孩子,首先要改变家长的教育观念。于是我不厌其烦地与孩子家长沟通,争取家长的配合。这两位家长在开始时还是不错的,能按照我的要求去做,但几次之后的做法令我非常难过。一个家长直接告诉我:"戴老师你别逼他了,他不是学习的料。"听到这样的话,我非常生气,直截了当地告诉她:"孩子是你的,不是我的,你后半生的生活质量是靠他而与我没有关系。教育是出于师者的责任,出于自己的良心。我要对得起每一个孩子。"另一个家长则让孩子直接捎过来一个装有购物卡的信封。面对家长这样的状态,我直接反应是再也不想管这两个孩子了,但是看到两个孩子那无辜的面孔,我的良心上过不去。于是我想,在学校里我能帮孩子多少就帮你多少吧。同时我反思自己:为什么家长会出现这样的反应呢?我哪个地方做得不够好?经过一段时间的沉思,我发现自己在与家长沟通时存在问题:我总是想通过自己的努力去改变他们。要知道,其实我们不能改变什么,只能去影响他们。要想改变一个人必须先触动他的内心,让他自己真正意识到这个问题的严重性才行;再是我与家长沟通时,总说孩子表现不好的地方,比表扬孩子的话要多。因为这两个孩子存在的问题太多了,我心太急了,每个家长眼中的孩子都是完美的。我这样做他们必然存在抵触情绪。

阿莫纳什维利是苏联继赞科夫、苏霍姆林斯基之后又一位杰出的教育家,他曾说过:"没有儿童的顽皮,没有顽皮的儿童,就不能建立真正的教育学。"他致力于"唆使"孩子去顽皮,去吵吵闹闹,然后着手探究他们的个性,激活其蓬勃的生命力和创造力,从而使学生获得和谐完美的发展,成为富有个性、有特色的人才。既然大教育家都这么想,那我就试着去努力一把吧。

印度诗人泰戈尔的一句名言:"使卵石臻于完美的,并非锤的打击,而是水的且歌且舞。"找到了问题所在,我就开始改变自己的方法,让孩子来影响家长。于是,我就开始着手我的计划,尽可能在学校多帮助这两个孩子。我从以下几个方面着手去做。

1. 用故事激发孩子的学习兴趣

课堂上,我给孩子们讲了一个故事。

一个穷困潦倒的青年,流浪到巴黎,期望父亲的朋友能帮自己找一份谋生的差事。

"数学精通吗?"父亲的朋友问他。

青年羞涩地摇头。"历史、地理怎么样?"青年还是不好意思地摇头。"那法律呢?"青年窘迫地垂下头。"会计怎么样?"

父亲的朋友接连地发问,青年都只能摇头告诉对方——自己似乎一无所长,连一个优点也找不出来。

"那你先把自己的住址写下来吧,我总得帮你找一份事做呀。"青年羞愧地写下了自己的住址,急忙转身要走,却被父亲的朋友一把拉住了:"年轻人,你的名字写得很漂亮,这就是你的优点啊。你不该只满足找一份糊口的工作。"

把名字写好也算一个优点?青年在对方眼里看到了肯定的答案。数年后,青年果然写出享誉世界的经典作品。他就是家喻户晓的法国18世纪著名作家大仲马。

世间许多平凡之辈,都拥有一些诸如"能把名字写好"这类小小的优点,但由于自卑等原因常常被忽略了,更不要说是一点点地放大它了。每个平淡无奇的生命中,都蕴藏着一座丰富金矿。只要肯挖掘,沿着它也会挖出令自己都惊讶不已的宝藏……

然后,我问孩子从故事中学到了什么。孩子告诉我要发现自己的优点,努力学习。听着孩子简单的话语,我感觉这两个孩子挺聪明的,就是在学习不上够专心,对于他们两个,我还是很有信心的。

2. 寻找机会,关爱孩子的生活,与孩子成为朋友

"亲其师,信其道。"课间尽可能多与孩子沟通、交流、谈话,与孩子聊天,有时是孩子自己跑来与我说话,有时候是我没话找话说。孩子的衣着、发型都成了话题的开始。时间长了,他们时不时就会找我聊天。

有一天,跑完操后,那个小淘气跑来问我:"老师,我今天穿这件衣服帅吗?""帅!"我边帮他把领子翻好边说:"如果你别把这件衣服当成擦地布,穿着更帅。"因为他经常把衣服扔在地上,回到教室后我发现他破天荒地把衣服搭在椅子背上。

3. 表扬他们的优点,为孩子树立信心

学习课文时,我经常会让他们把感受写在语文书的旁边。我总是留心这两个孩子,想看看他们的感受。如果发现他们写得挺好,就让他们起来读。如在学习维生素C的故事时,第三段对课文省略号进行拓展,一个孩子写得挺好:"不知不觉,船已靠近一个荒岛。"这个过程他衔接得特别好,我就让他起来读,但因为没自信,他的声音总是很小。我就和他一起读了第一句,然后让同学们找找他哪个地方用得特别好。他得到了同学的表扬,感觉很开心。到后来他都敢起来大声读课文了,虽然经常

会不熟练，但我总是挑他的优点表扬。

4. 比拼的力量

仔细观察两个孩子的特点，利用孩子好胜的心理，让他们两个人进行比赛，比谁回答问题积极，比谁先写完作业，比谁的字认真漂亮，比谁背古诗多等，有时还会比比在相同时间内，谁写的字多。就这样，两个孩子由原来合着伙淘气到现在合着伙比学习。

5. 改变教学方式

在课堂上为这样的孩子设计几个问题，让孩子写板书，吸引他们参与到课堂当中。如在交流字形和字音时，多让他们回答。有时让孩子们到黑板前将收获用一个词写下来，这样就在无形中提醒孩子上课要注意听讲。

6. 阅读的乐趣

他们之所以无时无刻在动，在闹，就是因为没有找到能静下来做的事情。于是我利用一切可利用的时间，中午、道德和法律课、语文课、班会课等，给孩子们讲故事，讲新闻，讲绘本，让他们体会到书的乐趣，吸引孩子去读书。

经过不懈的努力，孩子们的脾气有所收敛，学习成绩提高了。在学期末的家长会上，那个曾经告诉我"别逼孩子了"的家长看到孩子的三科考卷时，很长一段时间没有抬起头，因为这个孩子只有语文考了 80 几分，其他的几科成绩都及格了。后来她抬起头看着我，不停地说："孩子不抓看来真不行，我们父母对孩子的关心都不如戴老师对孩子的关心，真是羞愧啊。"

在以后的教学中，我也改变了与家长的沟通方式，那就是不管哪个孩子取得进步，我都会及时以短信的形式给家长报喜，让家长配合我，在家里也多表扬孩子，这样收获了很多，成效不错。

其实，有的家长也并不像以上两位家长这样，他们看到了自己孩子身上的不足。曾经有一位家长对我说："我放弃孩子了。"面对这样的家长我就使劲表扬孩子的优点，鼓励家长让他坚持下去。但是现在很多家长都不愿意老师对孩子要求太严格，所以我发现要对孩子严格要求，首先要与家长在认识上达成一致。在这样的影响下，班里好几个后进生都取得了进步。

孩子是存在差异的个体，不可能千篇一律，不可能什么问题也不出。关键是当孩子出现问题时，当他们在集体中落后时，我们做老师的应该怎么做。我想，耐心和爱心是做好这部分学生教育的前提，不断思量，不断琢磨，为这些孩子量身打造一些适当的方法，帮助他们赶上大部队，在班级中幸福成长。

三、"特别的爱给特别的你"

不知在哪一本书上曾看到一个有关心理的故事，细细品味，值得我们沉思。故事是这样的——

从前有个脾气很坏的小男孩，常常发脾气。一天，他父亲给了他一大包钉子，要求他每发一次脾气就必须用铁锤在他家后院的栅栏上钉一个钉子。第一天，小男孩共在栅栏上钉了37颗钉子。

过了几个星期，由于学会了控制自己的愤怒，小男孩每天在栅栏上钉钉子的数目逐渐减少了。他发现控制自己的坏脾气比往栅栏上钉钉子要容易得多了……最后，小男孩变得不爱发脾气了。

他把自己的转变告诉了父亲。他父亲又建议："如果你能坚持一整天不发脾气，就从栅栏拔下一个钉子。"经过一段时间，小男孩终于把栅栏上的所有的钉子都拔完了。

父亲拉着小男孩的手来到栅栏边，对他说："儿子，你做得好。但是，你看一看那些钉子在栅栏上留下的那么多小孔，栅栏再也不是原来的样子了。当你向别人发过脾气之后，你的言语就像这些钉孔一样，在人们的心灵里留下伤痕，无论你说多少次对不起，那些伤口都会永远存在。其实，口头上对人们造成的伤害与伤害人们的肉体没有什么两样啊。"

这是一个普通的故事，然而，平凡中蕴含着深刻。我忽然想到了美国卡罗琳·奥林奇说过的一句话："哎，有些言语和行为能给人脆弱的心灵带来创伤，且这种伤痕会伴随人的一生。"的确如此，对待学生也是这样的道理。因此，我们要善待孩子，学学故事中的父亲。这是一个明智的父亲，可以说是教孩子自控的一个成功典型的事例。这位父亲的做法值得借鉴。对于一些自控能力差的学生，我们就要培养他们的自控意识。作为老师，我们要给予他们更多的关心、爱和包容。

自我控制意识，有人叫它自控力或自制力。也就是说，自己管住自己、控制自己并随时调节、支配自己的行为，激励自己去克服困难，做自己该做的事,并阻止自己去做不该做的事。我国古代就有"克己之学",其实就是运用情感、意志自我监督、自我反省、自我批评,破"旧我",立"新我",保证自我目标的实现。这实际上就是我们今天说的"认识自我"。不过,古人对"自我"的深层意义理解得有局限,尤其对环境、社会给予人的影响的理解远远没有今天深刻。

自我教育是万能的。小瑞是我班的"钉子户"。他只听我这个班主任的,其中的道理我是明白的。这个孩子虽然有时不能自控,但他很仗义,很热情,要想让他听进去你的话,必须让他信服你,以理服人,让他感受到老师的爱,而我们给予他们的爱的方式正是他们喜欢的,能接受的,触动他们心灵的。那是一个星期三的下午,教英语的叶老师请假没来,董老师给我班代课。课堂上小瑞离开座位与其他同学说话,董老师当众批评了他。他非但不改,而且与老师顶嘴,并且拿出泡泡来吹泡泡,扰乱了整个课堂。

课下,我找到了小瑞,让他跟我说清楚课堂上的事情。我首先对他在课堂上当众受到批评,自尊心受挫表示同情,对他的行为表示理解。然后让他自己想想课堂上的做法对不对,应该怎样做。董老师看见时,忙把课堂上小瑞的做法告诉了我,看着怒气冲冲的董老师,小瑞只是听。等董老师走了后,我说:"你听见刚才老师说的话了?"结果小瑞长叹一声,说了一句:"让她说吧。"我听后心里一惊,一声长叹表示他心中的无奈,也许是碍于我的情面,也许是对当学生理应受到批评又不敢反抗表示一声悲哀。老师这么当众批评孩子,没有顾及孩子的脸面,孩子怎么想的呢?一声声长叹加上那一句无奈的话,是不是包含着孩子那颗不被理解的心呢?不会自控不是孩子的错呀!

教育家杜威说:"儿童的生活是琐碎和粗糙的,他们总是在以自己心目中最突出的东西为中心暂时地构成整个宇宙,但那个宇宙是变化的和流动的,它的内容在以惊人的速度消失和重新组合。"如果放任儿童无指导地、自发地去发展,那么从粗糙的东西发展出来的只能是粗糙的东西。儿童的可能性及可能性的引导是一个深刻的话题。在孩子的世界中,父母和老师的作用是什么呢?

同样的故事再次上演。一上音乐课,小瑞再一次重演英语课的那一幕,把谭老师气得够呛。听着谭老师对小瑞的批评,我很心疼,一边安抚着怒火中烧的谭老师,一边看着可爱又可气的小瑞。我让小瑞去吃中午饭,陪同谭老师一块走让她消消气。此时的我知道,从前面的英语课到现在的音乐课,同样的事情再次发生,就是因为这个孩子没有学会自控。目前的关键问题,就是让他学会自控。

中午吃完饭,我心平气和地让他回教室反思自己,想想这件事自己错在哪里,老师说得对不对,自己应该怎样做。等我一回到教室,小瑞就向我承认了错误。这个小男孩儿掉了眼泪。于是我让他向谭老师承认错误。下一次上课,小瑞表现得很棒,老师多次表扬。我知道上一次的事情对他影响很大。等我下课问他,他告诉我:"老师那是我装的。"听着他那天真的话语,我也不知该说他什么。我接着问他:"你为什么要装呢?""我想让老师高兴,也想要表现好,可是有时候就不想管自己。""为什么我教的课上,你能认真听讲,积极回答问题呢?"他低头不语。我告诉他,从这可以看出,他不是管不住自己,而是不想管自己,不会自控。因为他没有意识到他的这种做法会给人带来伤害。我跟他讲我看到的那个故事《钉子》,他也决心每一节课都提醒自己管住自己。

借此机会,我给他举了一个发生在他最好的朋友小龙身上的事例。小龙是我班的班长,学校开设书吧,要求每个班都轮流来管理书吧两周。在做管理书吧的准备工作时他偷懒,我批评他,结果在此后的两个星期里,他以自己的行动来弥补自己的过错。在不久后的一次日记里,他这样写道:"上一次自己因为偷懒而犯错误,我会用双倍的努力弥补自己的过错。"小瑞听了之后,懂事地点点头,果然比以前好多了。可见培养一个孩子的自控意识是相当重要的。

人之一生,机遇不同,性情各异,条件有别,机会不等。但,天生其才,必有其用。只是花有早春,木有晚秋罢了。早则灿烂,晚亦辉煌。

英雄不论成败,花开不分季节。

智利著名的女作家、诺贝尔文学奖获得者米斯特拉尔的《一个女教师的祈祷》中有个句子深锲内心难以忘怀:

我要把每个学生都陶冶成一首最美丽的诗歌,当我停止歌唱,我要让最动人的旋律留在他们心上!

其实这些孩子要求的很简单,就是在他们需要的时候站在他的立场上拉他们一把,他们犯错误时不要急于表达我们的情绪、我们的愤怒,而要想明白孩子内心真正需要的是什么。

班里的成成也是一个特殊的孩子,开学初,他的妈妈就来找我,向我反映了他的情况。前一任老师对他不了解,造成了他心理过分紧张,使得他患上了"强迫症"。看着他母亲那伤心的泪水,我除了感到心疼,同时觉得身上的担子沉甸甸的。我知道对这个孩子只能有爱心、细心、耐心,必须用双倍的爱才能换来这个孩子健康的成长。

  因此,在平时的教学中,我对待他格外小心,有了错误不加以批评,只是让他到没人的地方反思,考虑自己应该怎样做,然后加以引导,让他自己意识到自己所犯下的错误。不管他有多么微不足道的进步,我都会鼓励他,表扬他,并发给他表扬卡,让孩子带回家。家长也十分配合,既表扬又鼓励,与孩子一起提出新的目标,使他重新拥有自信。对他的要求,我降低了标准。这个孩子学习习惯不好,总做不好课前准备。我也不批评,而是与孩子做朋友,每节课手把手帮助孩子从抽屉里拿出该用的书、笔。经过一段时间的努力,孩子明显有了进步,下课总是愿意凑到我眼前来跟我讲话,并且在我不小心崴脚的时候,过去扶着我,帮助我拿教科书。其实他是一个很聪明的孩子,在数学方面很有天赋,平时不用操太多的心,只要给他更多的包容就可以。

  一个学期结束了,新的学期开始了。在新学期开学初,我收到了他妈妈长达 7 页的感谢信。信上除了表达对我的感谢外,还高兴地告诉我孩子的"强迫症"已经完全好了,高兴的心情溢于言表。面对家长的感谢信,我想了很多。其实,我做到的并不多,只是尽了一个老师该尽的义务,做了对孩子应该做的事情。

四、包容理解会开出美丽的花

  像这样的故事还有很多,给我留下深刻印象的还有一个刚上一年级的小姑娘的故事。有一天,她和同学一起玩笑时,说了一句不该说的话:"戴老师死了。"等我到教室的时候,小孩子们纷纷跑到我的眼前向我"状告她的罪行"。

  我抬头看着那个小女孩害怕的样子,微笑地朝她说:"我知道你肯定不是这么想的,是不是在跟同学开玩笑呢?"小女孩点了点头。

  我又对她说:"有的话可以是玩笑话,有的话是不可以开玩笑的,知道吗?这样的话会让人伤心的。你愿意看到老师伤心吗?"她摇了摇头。

  我走到她的眼前,弯下腰看着她的眼睛说:"那要记住了,下次不能这样说任何人。"她用力点了点头。我笑着摸了摸她的头,继续开始上课了。

我认为这件事情就这样过去了。中午，孩子的爸爸妈妈来到了学校，当面向我说"对不起"。从家长的谈话中我得知，孩子回家跟妈妈说了，结果妈妈气得连中午饭都没吃，而且把她的爸爸从单位上打电话叫回来。因为孩子的爸爸在一线的作战部队上，所以时间很紧张。听了孩子妈妈和爸爸的话，我笑了，然后跟家长说："为什么要这么兴师动众呀，她就是6岁的孩子，她说这句话的时候根本不知道会带来什么样的后果，她只是在开玩笑，不要加入我们成年人的一些想法，回家好好跟孩子说说就可以，没有必要这么做。"

孩子妈妈听了我的话后，拉着我的手泣不成声，一个劲儿跟我说对不起，孩子爸爸长叹了一声，说了一句我至今难以忘怀的话："我们当家长的听了后都气得要命，没想到戴老师反过来安慰我们。比起戴老师的胸襟，真是惭愧呀！"自此以后，这个小女孩表现得越来越棒，父母对我的工作是百分之百的支持，这不就是我们想要的结果吗？我们是普通人，在听到那样一句咒语时，任谁都会心里不舒服，都会生气，但是不要忘记，站在我们面前的就只是一个6岁的孩子。波普曾说："错误在所难免，宽恕就是神圣。"

我也曾读过这样一个故事。Spring book 是澳大利亚一个草原的名字，那里的草儿都长得特别好，所以生长在那里的羊群规模越来越大。随着羊群不断发展壮大，就出现了一个非常奇怪的现象：走在前面的羊群总能够吃到草，而走在后面的羊群总是只能吃剩下的，于是后面的羊群在前面羊群吃草的时候就会跑到队伍前面。就这样，羊群为了争夺食物，都不愿意落在后面。羊群开始不断地往前奔跑。到最后，所有的羊都知道：只要想吃到草就要拼命跑在最前面。这样在草原上就形成了一个非常壮观的场面，羊群都朝一个方向不停地奔跑。Spring book 草原的尽头是一个悬崖，羊群跑到悬崖边缘也全然不去理会，于是整群的羊就往悬崖下跳……

我们在做任何事情的时候，不要忘记了我们做事情的目的。羊群一直都在奔跑，甚至跳崖也全然不顾，它们已经完全忘记了真正目的——吃草。

作为教育者，就是要教书育人，虽然过程不容易，但只要有足够的耐心与爱心，教育之花一定会绚丽绽放。

习惯养成篇

习惯养成之课堂常规

乌申斯基说:"良好的习惯是人在神经系统中存放的道德资本,这个资本会不断地增值,而人在其整个一生中就享用着它的利息。"

一年级学生刚刚入学,正是各种习惯养成的起始阶段,也是他们良好习惯培养的最佳时期。课堂常规是老师传授新知、学生学习顺利开展的保障。课堂常规的培养过程是漫长的。孩子在不断训练和不断反复中逐步形成良好的课堂行为习惯,为今后的学习生活打下了坚实的基础。

"没有规矩不成方圆。"如何帮助学生养成好的习惯,具体做法如下。

一、提要求,诵儿歌

一年级的孩子因刚入学,他们对学校的一切充满好奇,但因为来自不同的幼儿园,来自不同的家庭,因此每个孩子的规则意识各不相同。因此他们并不清楚上课时需要怎么做,他们的经验来自听哥哥姐姐或是爸爸妈妈说,也有一些是幼儿园老师教给他们的。因此,刚入学时的孩子们的课堂常规参差不齐。

为了让孩子养成良好的课堂听讲习惯,我们需要给孩子明确的要求,让孩子知道怎样做才是认真听讲。但是,如果空洞地给孩子们讲道理,提要求,孩子是记不牢的。这个时候,我们就需要把这些空洞的内容编成短小精悍、朗朗上口的儿歌,用儿歌来规范学生的行为习惯,起到自我提醒、自我约束的作用。因此,我进行学前教育时,就给孩子提出明确的要求,并将课堂的具体要求编成儿歌教给孩子,让孩子边做边说,并进行训练。如上课的坐姿,我先起头说着儿歌,孩子们嘴跟着我说儿歌,手做具体的动作。"上课时,左手下,右手上,双手轻轻放桌上。"就这样,老师带领孩子们反复练习,时间一长,就形成了习惯。每听到上课的预备铃打响时,孩子们就会边说着儿歌"左手下,右手上,双手轻轻放桌上"边回到座位上,在读完两遍儿歌后教室就会静下来。

孩子们静下来后,就开启了上课模式。以前我在别的班级听课时,经常看见孩子们举手发言的动作各不相同,有的同学站起身子,把手举过头顶;有的同学嘴里念叨着"老师,老师,我我";还有的同学把手伸成180度,真可谓姿态百出。这样的状态让整个课堂杂乱无章,学生就显得躁动不安。但是我要求的"上课时,左手下,右手上,双手轻轻放桌上"的坐姿便于孩子举手发言。当同学们要发言时,我就训练他们,边念着我自编的儿歌"发言时,右手立",边举手。因为这样的要求加上儿歌,孩子们就不会因分不清左右而胡乱举手,同时能规范举手的动作,不会出现"群魔乱舞"的景象。

规范好坐姿及举手的动作后,我会提出课堂听讲的要求,并将要求具体化,而非给孩子一个笼统的概念。因为从事班主任工作多年,每次与上课不听讲的孩子的家长沟通时,每个家长都会告诉我,老师,每天早上孩子要上学时都会提醒他,上课要认真听讲,在学校里要听老师的话,别和小朋友打闹,要认真写字等。每当这时,我都会跟家长说:"你们认为什么是认真听讲?"很多家长在被我追问时,都会愣住。我就会跟他们表达我的看法:家长每天都会不厌其烦地嘱咐孩子,上课时一定认真听讲。成年人理解认真听讲的具体概念及做法,但刚从幼儿园来到小学的孩子并不知道什么叫认真听讲,他们怎么做才是认真听讲。因此在跟孩子讲事情的时候,一定要给孩子一个明确具体的做法,让他们知道自己怎么做才是家长所说的认真。

我在提课堂听讲要求时,都会将具体方法告诉孩子:上课时眼睛看着老师的眼睛,耳朵听着老师说的话,脑子想着老师说话的意思,嘴巴把自己的想法表达出来,这就叫认真听讲。只有这样告诉孩子们,他们才会将笼统的概念通过一条一条具体可操作的方法,化为实际行动。同时伴有口令,如老师说"1,2,3",孩子们就异口同声地说"坐好了";老师紧跟着一句"小眼睛",孩子们则答一句"看老师"。当然,这样的口令及做法,需要一段时间的坚持练习,时间久了,就成了一种习惯。

孩子们学会了课堂听讲,还需要教会他们如何安全地使用铅笔。因为铅笔的尖儿非常尖锐,稍一不慎,就会变成伤害孩子的武器。记得曾经在一篇文章中看到,一位学龄儿童,因急着追赶班级放学的队伍,一不小心摔倒在地,装在口袋里的铅笔则直接扎入了他的肺部,给孩子造成了巨大的伤害,这是铅笔伤人最为严重的一次。我们在校经常会碰到孩子用铅笔不小心划伤同学的手等安全事件,给孩子和作为孩子在校安全第一责任人的班主任造成了极大的困扰。

  我一般会让孩子把铅笔放到笔袋里,没有用到之前,不能将铅笔拿在手中,而且特别提醒他们,尽量使用简单朴实的笔袋或铅笔盒,笔袋的拉链必须拉上,铅笔盒则需盖紧。当要使用铅笔时,我会采用师生合说儿歌的方式来告诉他们,这是我从拥有丰富的低年级教学经验的车老师身上学到的。只要老师开口说"铅笔手中握",孩子们边从笔袋里拿铅笔,边说"我来做功课"。然后让孩子们说握笔姿势的儿歌"老大老二捏,老三老四驮,老五藏着,中间缝隙留着"。孩子们在说握笔姿势的儿歌时,手里比量着写字的"一拳一尺一寸",辅以写字姿势的儿歌"头正肩平臂开足安"。当孩子们用完铅笔时,我的口令又会以合作读儿歌的形式响起,"铅笔橡皮"。孩子们就会齐声答道"送回家",后来还会辅助一句"拉上拉链",这样使用铅笔的步骤才算完成。

  孩子们的书写姿势一直是我们极为头疼的。为了帮助孩子们养成正确的读写姿势,我试过很多方法,其中最为行之有效的有两个。第一个就是有专人提醒,每当写字时,就有同学说口令,然后大家统一做,这适合半路接班的中高年级的学生。而在教学一年级的孩子时,就需要在开始读书写字前教会他们,从而达到"一拳一尺一寸"。具体方法如下。

  先说孩子坐在凳子上的位置。有老师会让孩子坐三分之一的地方,但我总感觉一年级的孩子们对于三分之一是没有概念的。我都是教孩子们把书包拉上拉链后,放在凳子上。这样一个书包大约占用了整个凳子面的一半。孩子们靠着书包坐就可以了,这样也是一个具体的参照物。手里的动作,我通常会演示,然后让孩子们边操作边练习。下面我再说说"一寸"如何做到,首先要右手拿笔,左手的食指和中指并拢,放在铅笔笔尖的位置,食指的边缘到铅笔的笔尖大约就是一寸;然后,我会告诉孩子将双手的胳膊肘立在桌子上,将右手竖起握拳,放在桌上紧贴左胳膊,就像是在与左胳膊比比谁更高,同右手大拇指的位置就是左胳膊放在桌子的位置,量完一侧后再测量另一只手,这样两个胳膊肘就是悬空在桌子边缘,自然而然形成了一个"八字形",同时双手也就撑起了身体。

  说着简单,但是对于初学者来说,也是极为不容易操作的。这需要老师有一颗坚持不懈的心。孩子读写姿势标准了,还要养成认真书写的习惯。这时,我又会提出新的要求,写字时要一笔一画写到位,做到横平竖直,写在田字格里,这就叫书写工整。

就这样，孩子们每做一件事情，都有了具体而明确的要求，他们就知道应该如何去做。只要坚持训练，孩子就会养成正确的、良好的听讲习惯与书写习惯。

刚入学的孩子，他们的注意力分散，专注度也就能持续10到15分钟。时间一长，他们就会不认真听讲。这个时候就需要我们适时地加入一些激励的手段来提高孩子课堂听讲的效率。如当孩子们眼睛不聚焦时，我就会大声用儿歌作口令来提醒孩子。通常我会说"小眼睛"，孩子们就会接着我的后半句说"看老师"。如果说一遍，效果不理想，那我就会再说第二遍"小眼睛"，孩子们就会整齐地回答"看老师"。随着口令，他们就会瞪着眼睛看着我，听我讲课。但这一过程中，还要注意加上一句"我要表扬谁呢"，孩子们就会更为专注地看着我，期望通过自己的坐姿得到老师的认可。在开学一个月内的课堂上，则在中间需要穿插上几个游戏动作，如"我学兔子蹦蹦跳跳""我学乌龟慢慢谈""我学小树坐端正"，孩子们边说儿歌边加上动作，当说到最后一句时，他们就会整齐划一而又非常迅速地坐到自己的位置上，眼睛看着老师。

下课铃声响起时，我又会用新的儿歌和孩子们一起边说，一边收拾本节课所用的书本，并做好下一节课的准备。如我说"大本下"，学生则会跟着我说"嘿，大本下"。"小本上"，学生说"嘿，小本上"。"铅笔橡皮"，学生说"袋中藏"。有了这样的儿歌，孩子们也有了明确的方向，他们有了具体可操作的方法，只要坚持下去，孩子们一定会养成良好的课堂常规。

当然，在这一习惯养成的过程中，孩子们肯定有做得非常好的，也有做得不到位的，奔着"一个都不能少"的原则，在这一训练的过程中，我们还需要做到第二点，抓典型、树榜样。

二、抓典型，树榜样

在训练学生课堂常规的过程中，自律能力强、乖巧听话的孩子就会严格按照老师的要求去做，而更多的孩子因没有规则意识，就会在老师不在的时候显示出"本色"。即使老师在，有的孩子也会趁老师不注意而展现他们生性好动的本性。遇到这种情况，我们就要有一双善于发现的眼睛，抓住平时表现非常优秀的孩子，及时表扬他们，树立他们为榜样，发挥榜样的作用。

榜样是具体形象的，有强大的说服力和感染力。孩子们对抽象的道理不理解，模仿是他们重要的学习方式之一。生动的榜样、活的范例比语言的议论更容易使孩子们信服，更能产生直接、具体的影响。榜样可以把抽象的道德认识具体化、形象化，可以启发孩子们主动按道德行为准则行事，使孩子经常用榜样来对照自己，主动克制自己不符合道德要求的行为并克服自身的缺点。这样树立了榜样，就会让孩子们随时随地有学习的目标、向上的力量，让孩子来无形地影响孩子。说到榜样的作用，我不由得想起了刚刚结束的元旦庆祝会上一个家长随意跟我说的一句话。

元旦庆祝会上，家委会的家长很热情地筹备着活动，他们请来人员教孩子们做棒棒糖。孩子们对做棒棒糖产生了极大的兴趣，大家说说笑笑，每个孩子的脸上洋溢着兴奋而又激动的表情，非常热闹。我知道，如果他们静不下来，就会不做，于是在我说了几遍没有明显效果的时候，一个男生的家长在我旁边笑着对我说："戴老师，您看，那个小女孩真是一个守规则的好孩子，别人都在说笑的时候，只有那一个孩子坐得板正。"我顺着家长手指的方向看过去，在热闹的教室里，只有一个娇小的身影以左手下右手上非常标准的姿势坐着，虽然也东瞅瞅西看看，但仍然坐得非常端正。内心一热，我对那位家长说："她叫娇娇，是一个文静自律、乖巧守规则的孩子。"

"你看，当别人都在说话、打闹玩儿的时候，只有她静静坐在位置上眼睛看着老师。"旁边的另一个家长也插话说，"你们说这个孩子怎么这么听话呢？"几位家长都在感叹娇娇的自律，我微笑地告诉这几位家长，这个孩子平时都这样。

我的眼前出现了孩子们刚入学的那一幕。那是一个非常炎热的上午，我带领孩子们正进行学前教育，在课堂使用PPT过程中，教室的电脑出现了一点故障。我对电脑进行检查重新操作，时间稍长，也就是一分钟左右。起初身后还是一片寂静，接着身后就传来一阵说话声。PPT正在重新打开时，身后的声音已响成一片。转回身体一看，教室里呈现出一片沸腾的景象，小朋友们七嘴八舌地讨论。教室里只有一个瘦瘦小小的女孩还静静坐在那里，这个女孩就是娇娇。这个瘦小的身影给我留下了深刻的印象，令我至今回忆起来犹在眼前。借机，我在新同学的面前，表扬了娇娇的规则意识及高度的自律。从那时起，这个孩子就成为孩子们学习的榜样,每一节课她都会按照老师的要求去做所有的事情,每位老师都对她的表现赞不绝口。在她的影响下,在榜样的带动中,班里的几个女孩最先静下来,也如娇娇一般,成了别人口中的榜样。环境的影响是巨大的,在这些女孩的影响下,班里的小男孩也开始静下来,慢慢越来越多。看着孩子们的进步,我由衷地感到高兴。

孩子们在榜样的影响与带动下,表现得一天比一天好,一天比一天进步,有几位老师也开始跟我反映说孩子们进步很大。我感到很欣慰,能帮这一班孩子静下来,我想了很多办法,也付出了很多努力,总之付出没有白费。

培养习惯从游戏开始

随着悠扬的乐曲，下课铃打响了。我马上停止了讲课，让孩子们下课并做好课前准备，然后有小监督员提醒孩子们喝水上厕所，而我则利用这 10 分钟，奋笔疾书批改两个班的作业。

一年级的孩子们有一个特点，对任何有关老师或同学身上发生的事情都很好奇。就在我批作业的这缝隙里，我的身边总是里三层外三层地围着一群看热闹的孩子，我静静地批，他们也在我旁边静静地看。

正在我埋头批作业时，耳边传来"嗵"的一声，起初我并没有在意。因为经常有孩子在走路时会碰到桌子和椅子，但正在我非常投入的时候，耳边传来女孩的尖叫声："老师，阳阳的头流血了。"

听到这一声吆喝，我很紧张，马上从作业堆里抬起头，扔下手中的笔。平时比较文静的男生阳阳身边围着一群神情非常紧张的孩子。我赶紧快步走到他的身边，只见他用手捂着头，鲜血从他的指缝里流出。看到此景，我马上从药箱里拿出碘酒，准备给他处理。然而这时，阳阳头上的血流太多，有点止不住了。

我的大脑飞速旋转，看来孩子的伤挺严重的，于是我马上拿出纱布及绷带给孩子进行止血。我边帮孩子包扎边想：为什么总会出现这样的事情呢？

我问孩子："刚才发生了什么事情？"孩子告诉我，他刚才在教室里跑了。哎，又是一次因为跑而引发的安全事件。这使我不由得想起：孩子刚入学时，10 多个孩子在中午活动时，跑到音乐厅的平台上拿着跳绳在拔河摔倒，所幸并没有造成大的安全事故。但是这两件安全事件的发生，也绝不是偶然。

其实不管到哪一所学校，我们经常会看到，年级越低的孩子越容易追逐打闹。生性活泼是孩子的特点，他们因为和好朋友一起玩就要你打我，我追你，但是这样的追逐打闹极容易发生安全事件。为了避免这种事情的发生，班主任真可谓八仙过海，各显神通。有的班主任会一天泡在班级里，随时监督孩子，可谓一名称职的监督员。还有的班主任会发挥小岗位的作用,让一些自律的孩子在课间充当小检查员,提醒那些拔脚就跑的孩子学会守规矩,但无论哪种做法,作用只是暂时的。

  面对这样的共性问题,我不断思考,反复琢磨:为什么年级越低,孩子越小,他们越容易追逐打闹?如何让孩子在低年级就学会自律呢?究其原因,孩子们之所以喜欢追逐打闹,根据皮亚杰的认知发展阶段理论关于这个阶段儿童思维特点的描述,及科尔伯格对于这个阶段儿童的道德发展阶段的描述,最简单的一个原因,那就是这个年龄段的孩子还没有学会如何与别人交往,所以他们总是喜欢以你打我一下、我碰你一把这样的理由,来开始游戏和交往。还有一个原因,有的同学玩了很多网络游戏,所以他们会模仿游戏当中学会的内容或是动作,与别的同学一起玩,将网络游戏进行实际操练。究其原因,我认为孩子之所以在课间追逐打闹,就是因为他们不会玩,没有学会正常交往。因此,作为一名班主任,首先要做的就是教会孩子如何与别人相处,如何进行有序的课间活动。只有教会了孩子这些,让孩子学会了遵守规则,让孩子们在课间有事可做,有规则可寻,追逐打闹的时候就会越来越少。

  如何教会孩子遵守规则呢?我每带一届学生都会仔细观察孩子的特点,然后针对特点进行有目标、有方向的教育。2019年这一批一年级的孩子,我发现每个男孩子都很活泼,也积极追求上进,但他们没有规则意识,而女孩子又特别娇气,整个班级经常会呈现出躁动的状态。每个孩子都很浮躁,没有静下来。但令我感动的是,这一批孩子非常有灵气,特别善于察言观色,领悟能力也比较强。他们之所以在课间追逐打闹,就是因为他们不会玩,没有可玩的游戏。

  为了帮助他们找到适合他们自己的游戏,让他们在游戏中学会遵守规则,改变浮躁的状态,我不停地思索,到底什么样的游戏才是适合这些孩子玩呢?在追忆中,我想起刚刚送走的那一届教了6年的孩子。6年前的我,就是因为在一开学就利用班会教会了孩子课间游戏,再加上那一届孩子素质高,在一入学就表现出了较强的规则意识,我们一起度过了愉快的6年。那时候的孩子比这群孩子稳重,守规矩,而且他们的阅读量大,整个班级的孩子都很静,呈现了较强的学习力,但他们有自己的缺点,就是因为他们规则意识太强,显得过于刻板,不够灵活。针对孩子的特点,我就在他们守规矩的基础上,以帮他们打开思路有序进行活动为目标,带领孩子们玩魔方、翻花绳、打手指。在孩子们玩腻了后,我又带领他们进行了游戏创编。孩子们又会兴趣盎然地进行新的游戏。一年的课间游戏生活,孩子们过得非常快乐。因为这样,孩子们在游戏中既学会了守规则,又使智力和脑力得到了锻炼,因为有了良好的开端,在接下来的6年里,孩子们的任何活动都井然有序。

有了前车之鉴,我就思考到底带领这群孩子玩什么游戏,才能让这班生性活泼好动的孩子静下来呢?我忽然想到了老游戏——翻花绳,为此我特意上网查阅了资料。

翻花绳游戏主要是依靠手指来操作。每一个造型图案,需要手指完成撑、压、挑、翻、勾、放等一些精微的动作,需要左右手配合一致,需要每根手指巧妙地分工。在这一过程中,手指、手腕、双侧肢体的灵活性、精确性和实际操作能力,都得到不同程度的发展。许多科学家也证实,手与脑之间有着千丝万缕的联系,手指的动作越复杂、越精巧、越熟练,就越能促进脑神经的发展。

因此可以这样说:加强手部活动是开发大脑潜在机能、培养创造性的重要环节,训练手指就是训练了大脑。翻花绳游戏需要眼睛观察,分辨纵横交错的线条,需要大脑记忆操作的顺序和方法,因此翻花绳游戏具有巧手、健脑、启智的作用。翻花绳游戏,最常见的玩法是两人轮流翻,每人翻一次,就能出现一个新的花样。这种玩法多是由喜欢玩翻花绳的孩子自由地选择合作伙伴,是促进孩子主动交往、自愿合作、扩大交往面的有效手段。在游戏中,两人必须相互协商、相互配合、相互鼓励,才能每翻一次都产生新颖图案,才会使游戏顺利地进行下去。游戏的成功,会加深合作伙伴的友谊,产生积极愉快的情绪,令他们开心地欢笑、愉快地歌唱、欢快地舞蹈,共同分享胜利的喜悦。这种由"兴趣—收获—成功—更有兴趣"形成的良性循环,会进一步强化孩子们合作的动机,愿意主动地表现出合作的行为。因此翻花绳游戏有助于提高孩子们的合作意识和合作能力。

于是,我就想到了利用班会课教孩子们玩老游戏翻花绳。刚开始布置让孩子们带绳子,可没有几个孩子能带来的。我一直不知道原因,后来一次偶然的机会,孩子们告诉我家里没有这样的绳子。我不由得感叹,时代在进步的同时也丢掉了许多老传统,那些陪着我们这些七八十年代的人成长起来的游戏,已逐渐消失。在我感叹的同时也有令我感动的事:班里的一个小女孩的妈妈告诉我,她家里有很多毛线,可以用毛线让孩子们翻花绳。我很高兴,孩子们终于有玩的了。孩子们也很高兴。于是在周一班会时间,我给每个孩子发了一根毛线绳。孩子们都很兴奋,拿着手里的绳子跃跃欲试,迫切想要进行实战练习。

我就从教孩子们给绳子打结开始。然而,令我没想到的是,一个简单的打结的动作,就难倒了一大片孩子。于是,我在教室里边走动,边给孩子们讲解,并让那些提前学会的孩子互相帮忙。终于在一顿手忙脚乱中,大部分孩子学会了给绳子打结,看着孩子们兴奋的面孔,我非常高兴,感觉这个决定是正确的。为了让孩子们体验成功,我从最简单的开始,先教编降落伞。孩子们看着绳子在我手中灵巧地翻动,都迫不及待想试一试,然而理想很丰满,现实却很骨感。于是我又非常耐心地教着大家,然而学会的还是不多。有的孩子因为没有学会编降落伞很沮丧,看着他们黯然神伤的表情,我在想:如何让孩子们都学会呢?翻绳游戏虽然简单易学,但对初学者来说,特别是对于手指不够灵活、双手配合不够默契的孩子来说,确实存在一定难度。孩子们刚开始学时,线根本不听从手指的指挥,不时从手指上脱落下来。面对失败,如有他人的引导鼓励、同伴间的互相影响、个人的勤学苦练,翻出的图案会不会有了从易到难、从简单到复杂、从模仿到创新的变化呢?

对,就应该这样,让孩子们互相学习,互相帮助。就在这个时候我发现有两个女生已经学会了,我很高兴,先把这两个女孩大力表扬了一下,然后就问孩子为什么这么快就学会了。她们告诉我,她家里的长辈教过。太好了,有了她们为榜样,孩子们学习得更快。在这两个孩子的带动与帮助下,孩子们互相学习,互相帮助,教室里呈现一片其乐融融的景象。短短的半个小时,只有一半孩子学会了,我看到这一半的孩子脸上有一种自豪的笑容,而没有学会的孩子显得很焦急。下课后,他们要么缠着我,要么缠着学会的同学不断请教。看着孩子们一下课就迫不及待地拿起翻绳,我很高兴。然后趁机把翻绳的好处告诉了孩子们,让孩子们多加练习。在随后的几天里,教室里随处可见的都是三五个孩子聚在一起翻花绳的场面,孩子们相互传授着经验,相互欣赏着翻出的"作品",成功的喜悦促使孩子们获得自信。

翻花绳游戏有益于增强孩子们的活动兴趣、自信心和自制力。为了让孩子们保持浓厚的兴趣,我组织他们开展了"翻花绳表演""翻花绳接力""翻花绳比赛"等活动。这些活动为孩子们提供了展示自我、表现自我的机会，满足了孩子体验成功争取胜利的欲望，进一步增强了孩子们的自信心。课间，出去追逐打闹的孩子少了，看着他们兴致勃勃的样子，我在想，其实培养习惯就是要从告诉孩子们有事可做，有规则可寻开始。

这种在游戏中教会孩子们遵守规则的方法，遵循了孩子的发展规律和学习特点，也关注了孩子的身心全面和谐发展，并且尊重了孩子发展的个体差异，没有"拔苗助长"式的超前教育和强化训练，也没用一把"尺子"衡量所有孩子。

美国标准石油公司里，有一位小职员名叫阿基勃特。他远行住旅馆的时候，总是在自己签名的下方写上"每桶四元标准石油"字样，在书信及收据上也不例外，签了名，就一定写上那几个字。

他因此被同事叫作"每桶四元"，而他真名倒没有人叫了。公司董事长洛克菲勒知道这件事后，大感惊讶地说："竟有职员如此努力宣扬公司的声誉，我要见见他。"于是邀请阿基勃特共进晚餐。

后来，洛克菲勒卸任，阿基勃特成了第二任董事长。

这实在是一件人人都可以做到的事，可在偌大的公司里，只有阿基勃特一个人愉快地坚持着去做了。嘲笑他的人中，肯定有不少才华、能力在他之上的人，可最后只有他成了董事长。

成功是一种习惯，并不是非要干一件惊天动地的大事才能获得成功。从小事做起，而且坚定不移，乐此不疲，直到让做好小事成为你良好的习惯，你便具备了成功者的品质。

习惯养成之卫生习惯

现在的孩子大都是独生子女,他们的父母也大都是独生子女。一部分孩子的父母是娇生惯养的,更不用说孩子。

记得曾有一个家长问我,这批孩子的共性问题是什么。我告诉家长,男孩没规矩,女孩太娇气。是的,送走的那一批6年级的孩子很乖巧,很有素质,规则意识比较强。高年级和一年级一对比,让我忽然感觉到这一批孩子娇惯得不像样子。

刚踏入学校的他们,什么都不懂,甚至连扫帚都不会拿,更不用说扫地和拖地。在这样的情况下,让他们打扫教室卫生,那可是一项大工程,必然闹得鸡飞狗跳,但是劳动是他们必须具备的能力。因此,教会孩子打扫卫生是至关重要的。因为人区别于动物,就有两个标志:一是直立行走,二是学会劳动。所以不管我教哪一班的孩子,都会给他们讲这个道理,告诉他们劳动的重要性,让孩子们从思想上重视,并让他们学会打扫卫生。为了让他们学会打扫卫生,我们要专门拿出时间来进行教学。

各种习惯的养成在开学的一个月内最为关键,或者说最为重要。在这些常规当中,最为重要的是课堂常规,同样必不可少的是卫生习惯。我担心孩子们刚开学要学的东西很多,所以帮孩子们养成卫生习惯,可以放在一个月后进行重点训练。开学的一个月内,我们可以只教会孩子擦黑板。对于教孩子擦黑板,我有一个小窍门。每一届孩子对于我教的方法都是极为喜欢的。因为黑板的高度对于一年级的孩子来说非常高,如果哪一位老师在写板书时写得稍微高一些,对孩子来说,擦黑板就成了麻烦事。我曾几次看到为了帮老师把黑板擦干净,孩子拿着黑板擦,跳着高去够黑板上面的字,矮个子跳着高够不到,就换高个子去够,但往往最高处是高个子跳着脚也够不到的。因此,每次擦黑板,黑板前面就会围着一群孩子,因为小孩子最为热情。每当我看到这一幕,既感动又心疼。在这里也特别提醒低年级的老师,写板书的时候一定要注意高度,不要让孩子们跳起来都够不到。关心孩子从每一件小事做起从点滴做起。

一天，6节课结束后，黑板就会变成白茫茫的一片。第二天再往上写板书的时候，就非常不清楚，因此我告诉孩子们，每天用黑板擦，擦完黑板后，要用湿抹布再擦一遍，这样黑板就会很干净。因为孩子们个子太矮够不着，所以总会踩着凳子去擦黑板，看着孩子们颤颤巍巍地擦黑板时，我总是提心吊胆，生怕他们一不小心或是被哪个孩子不小心碰到而掉下来。这样，擦黑板就存在着极大的安全隐患。后来，一次偶然的机会，我发现可以用崭新的胶棉拖把擦黑板。最开始告诉孩子们时，大家都觉得很新奇，很好笑，但用过以后都深深爱上了"它"。

这个方法我用过很多年，孩子们反应都很好，因为这样擦黑板既快又干净，但在擦黑板时也需要我们一步一步告诉孩子具体的操作方法：先把黑板用黑板擦擦掉粉笔字，这一步很重要，因为有些淘气的孩子会把这一步图方便省略掉，如果不把粉笔字擦掉，直接用胶棉拖把，黑板上就会留下一些白色的痕迹，就像一个大花脸。再把干净的胶棉放在黑板的最上面，然后双手用力压住拖把的柄，从上往下，直接一口气拉下，中间过程不能有停顿。这样擦过的黑板上面不会留有印记。因为孩子初次操作，拖把都不会冲干净，更无法挤干净水擦黑板。擦完黑板后，黑板槽会留有一些水迹，有的还有一些灰迹。这个时候就需要告诉孩子，在用拖把擦完后，再拿干净的抹布，把黑板槽上面的水珠及白色的印迹擦干净，然后用抹布把黑板槽里面的粉笔末擦干净，最后再把抹布洗干净挂起来，这些程序完成后黑板就算擦完了。这一过程看起来比较简单，但实际操作起来并不容易。稍有不慎，黑板上面就会留有白色的痕迹或是胶棉拖把擦过留下的印迹，这就需要细心地琢磨如何操作才会在黑板上不留印迹，这些具体的步骤还是以前我教过的一个学生在教一年级的小同学时听到的，当我看到昔日那淘气的大男孩在教一年级的小同学那专注认真的模样时，深受感动。每个孩子都是天使，我教会了他们，他们经过自己的琢磨又将这一技巧传授给了下一级同学。赠人玫瑰，手留余香。

教会孩子们擦黑板后，剩下的就要开始教扫地和拖地。教会孩子们打扫卫生非常重要，这关系到以后教室的整洁度，往更深一层意义来说，这影响着孩子们今后的劳动观。教孩子打扫卫生也要分具体的程序，第一步先教会孩子扫地。要教会每个孩子打扫卫生，就需要专门拿出时间来进行教学，我一般利用周一的班队会时间。如果平时仔细观察，你就会发现很多孩子在扫地时,直着身子,拖着扫帚,哪有垃圾走到哪里,然后一只手拿着扫帚一只手拿着簸箕往里面扫,把大的垃圾扫进去,小的垃圾就不管了。他们不会顺着一个方向,沿着一个地方往前扫,大多数孩子甚至连扫帚都不会拿,他们只会打一枪换一个地方似的扫地,直接往前拖着扫帚走,更不会双手用力按住扫帚柄,把垃圾扫成一堆再装进簸箕里面。为了避免孩子养成上述这样的习惯,我决定先教孩子扫地,第一步正确拿扫帚。我先举起扫帚,教孩子们认识扫帚的每个部位的名称,并教他们正确拿扫帚。我告诉孩子,要正确地拿扫帚,先要区分扫帚的前后,靠近扫帚柄的下端那一面比较短,那就是扫帚的后面,长的那一面则是扫帚的前面。扫地时要正确拿扫帚,用双手压住扫帚柄,从教室的最后一排往前扫起,桌椅的边边角角也要扫一遍,不能看着没有垃圾就不管了,有的垃圾是眼睛看不清楚的。扫完一排后,再用同样的方法扫另外一排。不要边扫边用簸箕装起来,需要把垃圾扫成一堆后,再把垃圾装进簸箕倒进垃圾桶里。垃圾扫成一堆后,往簸箕里装的时候要一手拿扫帚一手拿簸箕,把簸箕的前沿压住,后边轻轻抬起,然后一边往里扫一边移动簸箕,这样重复进行几次,垃圾就会装干净。我给孩子讲解完后,下面就要找同学上来具体的操作。刚刚讲解完,孩子们感觉非常新鲜,也感觉自己都已经学会了,跃跃欲试,但万事开头难,任何事情都是看起来容易做起来难,孩子们积极上去演示,但效果并不理想。有的孩子分不清扫帚的前后,有的孩子不会拿扫帚。还有的同学在别的同学演示的时候,不仔细观看,认为自己都学会了,在自己操作的时候就会出现眼高手低的现象。因此这一过程一定要提醒孩子认真观察,多加练习,这一技能往往需要很长时间的实践才能真正掌握,同是也要争取家长的配合,让家长在家里也多给孩子提供练习的机会,只有这样反复操作,多加练习,孩子们才能学会扫地,才会把地扫干净。当然在这一练习的过程当中,我们也要发现榜样的力量,让学生互相教学生,因为儿童是最懂儿童的。

教会孩子扫地后第二个内容就是要教会孩子拖地。拖地是有方法的。我会告诉孩子正确拿拖把的方法及拖地的方法。

怎样拿拖把呢？我会先演示给孩子们看,让孩子们观察我的动作。孩子们看了我的演示后,七嘴八舌地讨论着自己观察到的内容。在孩子们讨论后,我会再完整地把具体的步骤讲一遍。第一步用双手拿住拖把,然后把拖把放在自己的眼前,站定一个位置后,把拖把放在自己的前方,来回拖动,当前面的地方拖干净后,脚步不要移动,顺势把拖把往左右两边拖动,这样站定一个位置就可以把眼前的一片都拖干净,就这种方式往后退边拖地,拖过的地方总是在眼前,这样就不会踩脏。擦干净后,不要随意走动,遇到脏的地方要来回拖动,直到把眼前的脏地方拖干净后,才算拖完。教会孩子拖完地后,还要教孩子怎样冲拖把。具体方法是,先用水桶接少半桶水,接水的量要明确告诉孩子,不然有的孩子会没有经验,提一桶水,这样不仅容易把水洒出来,还容易沾湿衣服,有时还会因为洒出的水太多,容易滑倒。把装有半桶水的水桶放在教室门口外面,把拖把放进去,拖把放到水桶里后,要一手拿拖把,一手来回挤水,直到挤出来的水干净为止。这些步骤看起来好像都不难,但因为孩子们从小缺乏劳动,往往一个班里面没有几个孩子会干这些活,所以需要我们一步一步教。

当教完所有的孩子后,就要开始实践了。这个时候是孩子学习的关键时期。因为整体学习总会有一些眼睛看会了,但手没学会的,我一般都会让副班帮忙。副班带着孩子出去活动,我则利用孩子中午吃完饭的那一段时间进行分组,教孩子们扫地拖地,然后进行演示操作。再一次操作讲解完后,我就让孩子们实践。在实践过程当中,如果他们做对了,我就会告诉他们,"对,很好,就这样",然后把正确步骤再以表扬的口吻说一遍,"边走边拖边后退","太好了,你做的太棒了。"就这样,通过这种表扬的方式,每一个组值日前,我都会找周一中午吃完饭的时间单独教一遍。这样两遍下来,孩子们差不多就学会了做值日。

记得有个家长帮我们打扫卫生时,看见孩子扫地、拖地的样子,听见我教他们的话语,对我说:"戴老师,还是你会教。我在家里告诉他多少遍,他都不会。"家长无意的话引起了我的反思,为什么孩子在家学不会呢?仅仅是因为我们做老师的会教吗?并不是,而是因为很多家长没有足够的耐心等孩子学会,在看到孩子刚学习时那笨手笨脚的样子,总会替代孩子去做,而没有在他需要鼓励或肯定的时候,给予他正确的引导。孩子们需要肯定,需要鼓励,只要我们学会有方法地等待,每一朵花都会在不同的花期开放。

教会了孩子扫地、拖地,还有最为重要的一项,就是摆桌椅。可别小看了摆桌椅这个不起眼的事情,一个教室的桌椅是否整齐,直接影响到整个教室学生的精神面貌。

  我发现有时孩子们为了对齐桌子,离开自己的座位伸直手臂,用自己的手臂当标尺,从第一位量到最后一位。孩子们缺少正确的方法引导。这个时候我会告诉他们,要学会看教室地板上的分割线。孩子们用每一排桌子的桌腿对准一条线,如果不确定自己的桌椅是否对齐,就可以看看两张桌子中间的线和前面同学的桌子中间的线是否在一条线上,这种方法可以最快地判断出桌椅是否整齐。除了教会他们每个人摆自己的桌椅,我还将每一排专门设立了小排长和小桌长,让他们负责这一排桌子的摆放整齐。这样多方面要求他们,他们就会有意识地把桌椅对整齐。记得很偶然的一次,上课铃打响了,孩子们快步从教室门口走到自己的座位前面,一个小姑娘来到自己的桌前,没有先回到自己的座位上,而是先把自己的桌椅对齐地上的线,然后快步走回座位。看到孩子的这种行为,我非常感动。等大家都坐好后,我把刚才所看到的这个孩子的行为告诉了同学们,让他们知道做事情需要动脑子,需要用心。在这个孩子的影响下,班里的很多孩子都会在上课前把桌椅对整齐后再坐下,这样原来东倒西歪的桌椅,变得整整齐齐了。

  看着孩子们一点一点的进步,我想到了习近平总书记所说的"万众一心加油干,越是艰难越向前"。只要我们坚持,我们的目标就会实现。孩子们学会了对齐桌子,还要学会每天开窗通风。

  在做这件事之前,我都会讲解开窗通风的重要性和必要性。我告诉孩子,45个人每时每刻都在呼吸氧气,呼出废气,也就是二氧化碳。呼出的废气都弥漫在教室里。如果哪个同学身体不舒服,那么他呼出的废气当中就会有病毒,有病毒的空气就会被其他的同学呼吸进去。然后我会让孩子们想一想,如果吸进了有病毒的空气自己的身体会怎样。孩子们都觉得这样会生病,那我顺势告诉他们:"对呀,所以我们每天每节课都要把窗户打开,把我们呼出的废气排出去让新鲜的空气走进来。"经过一个学期的训练,每天早晨孩子们走进教室,都会有同学主动打开窗户。到了大课间跑操的时候,都会把所有的窗户全部打开。就这样坚持了一个学期,还是很有效果的。在流感肆虐的季节里,不同于其他班级,我们班每天感冒请假的不超过4人。经过数据的对比,我告诉孩子们开窗通风多重要,所以一定要养成习惯。每天开窗通风时,要把窗帘系起来让阳光走进来。时间一长,孩子们有时会边开窗边说:"窗帘儿系起来,阳光走进来。"

　　一个学期结束了,可以用流感的人数来证明开窗通风是预防流感病毒的有效方法。记得在教孩子打开窗户时,有个孩子告诉我,他不会打开窗户。我刚开始觉得很生气,同时觉得很可笑。为什么孩子连窗户都不会开呢?后来转念一想,对呀,现在的家长安全意识非常强,对孩子保护得太好,所以平时在家就没有动手的机会,也养成了他们做任何事情不动脑,只依赖别人帮助的习惯。面对这样的同学,我会告诉他,要学着看别人是怎样做的,然后自己再去做。孩子得到鼓励后,就会很有信心地去做。在他做的过程中,我们要及时地给予鼓励,告诉孩子他能行。一点一点帮助孩子们养成良好的行为习惯,也就帮助孩子树立了自信。

路队从喊口令开始

一年级的路队一直以来都是老师们最头疼的部分,孩子走路时东张西望,拖拖拉拉,对学校周围的一切都充满了好奇,40多个孩子走在路上就像是一盘散沙,前前后后能拖十几米长。如果碰到一些听话乖巧的孩子,状态会好一些,队伍会齐整一些;如果碰到一些规则意识不强的,而又比较淘气的孩子,这种状态会格外糟糕。我新接了一年级,所有的事情都需要从头再来,所有的习惯都需要从头培养。碰巧这班孩子,非常有个性,男孩儿个个活泼好动,女孩儿外表看起来很内向,但都极有主见,而且能力不强。为了培养孩子良好的路队习惯,我一直在探索。

一、儿歌教方法

曾在同级部一起共事过的车老师非常善于运用儿歌进行教学,利用儿歌对孩子进行习惯培养,从书写到课前准备,从上课到站队都有相应的儿歌。经过一段时间的训练,我发现她们班的孩子习惯非常好,一举一动都很有规矩。这种方式让我忽然明白,孩子们在儿歌中学习了做事情的方法,比如站队时孩子们边喊着"学大燕,排排站,你在前,我在后,整整齐齐一条线",边去排队,这样做孩子们既不会说话,又知道了具体的做法,你在前面,我在后面,大家整整齐齐排成一条线,这样做真是"一举两得"。孩子们下课了,边喊着"大本下,小本上,铅笔橡皮袋中藏",边收拾东西。

孩子在儿歌中养成了习惯,形成了规则意识,很多问题也就会迎刃而解。于是在新接手的一年级,我也采用了这种方法,先给孩子提出了明确的要求:起立后先把凳子推到桌子的底下,然后边喊着口令边站队,两遍儿歌后站好队。经过一段时间的练习,大多数同学能按要求边喊着儿歌边站队,而且站队时能做到快、静、齐。虽然还有一部分孩子没能按要求做好,但能感受到他们也在别人的儿歌中受到了影响,慢慢由原来站队时的聚堆说话,到现在能站在指定的位置上。经过这一事例,我发现其实学生很多习惯的养成,需要我们给予具体的方法指导,然后是持之以恒的练习，坚持久了，就形成了习惯。

二、口令束行为

学生在儿歌声中学会了安静有序地站队，但在整个路队中，难免会有说话打闹的现象，为避免这一问题的出现，我试过很多方法，如让他们边走边背唐诗。孩子们背着背着就不背了，而且很多时候会惹来别人的围观。他们会觉得很不好意思。除此之外，我还试过让他们背口诀表、背古文等方法，我发现这些方法只在最初的阶段有用，后来都没有坚持下来，所以很多时候的队伍都是他们边走边说，嘻嘻哈哈，打打闹闹，活泼的孩子会在其中当调味品，让整个队伍出现点波澜。

为了改变这种状况，体育部和纪律部的同学绞尽脑汁也没想出什么好办法。这个问题也直到毕业，也还没解决。然而，这个一直困扰我很多年的难题，在这个新接的一年级得到了解决。

班里的排头兵小杨同学是一个生性活泼、调皮可爱的孩子。虽然心智成熟得比较晚，课堂坐不住，但是有很多好习惯。在开学第一天，孩子们往外带队的时候，当我把齐步走的口令下达后，他非常自然地喊着"一二一"开始往外走，其他的同学在听到他的口令后都不约而同地跟着他一起喊，声音响亮而富有节奏。孩子们在口令声中非常有气势地排着队，走在校园的小路上。整个走队的过程当中没有一个讲话的。校园回荡着的只有孩子们稚嫩而又响亮的口令声，看着孩子的这种表现，路过的同学和老师还有家长都以欣喜的眼光看着他们。孩子们感受到了大家赞赏的目光，口令喊得更为响亮。

看着学生的表现，我由衷地感到高兴，因为一直苦苦思索得不到解决的难题，竟然被一群6岁的孩子轻而易举地解决了。这就是孩童的世界，他们以一种非常简单的方式，或者说更为直接的方式，解决了这个困扰了很多老师和同学的难题。

我抑制不住内心的激动，真诚地表扬他们："孩子们你们非常棒，你们的口令真响亮，戴老师非常愿意听你们这么响亮的口令声。"孩子们在得到我的表扬后，喊得更起劲儿，走得更整齐，就像打赢了一场仗的士兵，雄赳赳、气昂昂地走在人群当中。

从那一次开始，孩子们就不约而同地在每一次走路队时喊起了口令，虽然在这一过程，有些孩子也会偷懒，但总的来说，孩子们形成了习惯。这其中离不开几个男孩子锲而不舍地坚持，在他们那雄赳赳、气昂昂的口令声中，孩子们从班级的门口有序地走到了校门口。

每当听到我们班孩子那稚嫩的声音，等候在门口的家长都会露出欣慰的笑容。我想，这笑容更多的是一种赞赏。这就是孩子的世界，这就是习惯的养成，这就是教育。

写到这里，我不由得想起跑操时的情景。小杨同学在前面带队跑步时，姿势标准，步伐统一，速度适中，在他的带领下，男孩子跑得非常整齐，队伍间距也非常好。

为了让他们能有更为出色的表现，我不停表扬他们，鼓励他们，并告诉他们："对，就这样，非常棒！戴老师非常喜欢看到你们这样的跑步姿势。"孩子们在我的鼓励声中跑得更起劲儿了！这时跑在前面的小杨同学时不时大喊一声："男孩子声音再响亮一些。"男孩子们跑得更起劲，看着他们这些表现，我不由得思索，其实很多时候并不是孩子做得不好，而只是没有找对方法，他们不知道如何去做。但他们的世界是单纯的，会用一腔热情去实现自己的目标。一句最为简单的口令，约束了行为，形成了习惯。

三、评价促管理

儿歌教会孩子做事情的方法，口令约束了行为。为了让他们将这些行为坚持下去，最终成为一种习惯，还需要对其进行多元的评价。

在他们做好的时候很夸张地说"做得太棒了！"老师的表扬，对孩子来说是一种激励。这种方式激发了孩子积极上进的心，孩子会表现得好。在他们做事情的时候，我会留心观察每个孩子的表现。如果做得不好，这个时候我就会让他们停下来，让做好的孩子做个示范。通过榜样示范，孩子们都有了具体的标准，也会向着这个方向努力。

学校启动了冬季长跑运动。刚开始，队伍不整齐，他们跑得很随意。面对这种情况，我先让他们停下来，然后讲解手放在腰间，小步跑动，跑动时双手在腰间摆动，讲解完后孩子们在统一的口令声中开始跑。男孩儿在泽泽的带领下，跑得有模有样，口令喊得震天响；女孩儿比较娇气，但比之前也有了很大的进步。我边走动巡视孩子，边表扬着他们："泽泽带头跑得最好，辰辰抬头挺胸像个小士兵。"在我的鼓励下，他们跑得越来越有劲。为了让他们跑得更好，我就给孩子们奖励小卡片，用10个小卡片换一个小标志。在这样的评价中,孩子们的热情更高涨了。看着他们一天比一天进步,我感到非常高兴,觉得自己的付出没有白费。

习惯是一种顽强而巨大的力量,它可以主宰人生,有什么样的思想,就有什么样的行为;有什么样的行为,就有什么样的习惯;有什么样的习惯,就有什么样的性格;有什么样的性格,就有什么样的命运。作为班主任,最重要的就是给孩子养成一个好习惯。

班队会设计篇

一年级

"一起玩游戏"主题班队活动设计方案

一、活动目标

1. 通过小队一起玩游戏,增强学生的小队观念,培养学生的合作意识。
2. 小队活动中,让学生感受一起游戏的快乐,激发孩子的创造力。

二、活动设计依据

1. 学生情况分析

一年级学生进入小学学习不满一个学期,新的学习和生活对学生来说充满了趣味与好奇。我们班孩子的学前教育较好,有音乐特长的较多,但因家长包办太多,学生的反应不够灵活,口头表达能力不强,动手能力也不强。有的孩子从小接受的是蒙氏教育,有的孩子在国际幼儿园接受的外式教育,所以孩子的学前基础差距较大。家长素质比孩子好,家长的配合程度比较高。通过近一个学期的学习与生活,学生与家长都渐渐适应了小学生活,学生听讲比以前进步了,站队也比以前快了,特别是女同学,能自觉成行,但在整理个人物品及走廊纪律还存在问题。

2. 活动背景分析

一年级有三个班在二楼,活动的范围非常有限。每到下课,学生收拾完东西再做好课前准备,去厕所或打水时就开始跑,非常危险。虽然多次强调教育并设立专门的走廊监督员,但效果仍不好。在开学初,我们就发现了这个问题,但没找到更好的解决办法,也想让孩子带一种益智而又能放松视力的玩具,但是因为怕控制不住,所以这项活动没有进行。随着冬季来临,洗手后地面容易湿滑,再加上学生的骨头比较脆,走廊跑跳极易发生受伤事件,因此教会孩子学会游戏是迫在眉睫的事情。

三、活动开展

围绕课间 10 分钟进行游戏活动,后期进行游戏创编活动等。

教学过程

教学环节	学生活动	教师活动	设计意图
导入	欣赏开学以来的照片	设置情境,导入新课 播放入学以来的照片	通过学生熟悉的照片和音乐带领学生走进情境,创设活动氛围,感受成长
过程 1. 分成几个游戏小组 2. 以每个游戏为一组	百变魔尺 1. 小组成员介绍作品 2. 演示作品 3. 如果有不会的,是怎么解决的?如果有同学想学的,也可请教	适时介入 (预设提升点:体会创造的快乐) 拓展图片	引导学生体会积极参与游戏
	花样翻绳 1. 小队长介绍自己小队的名字及口号 2. 拍手儿歌,编花绳 3. 还可以编什么?	适时介入 (预设提升点:体验成功的快乐,传承老游戏) 同学或老师演示 补充老游戏的图片,学校寒假活动中会有所体现	通过游戏的学习,体验学习游戏的不易,感受到学习的快乐,并能传承老游戏
	灵活手指队 1. 介绍自己小队的口号及游戏内容 2. 演示游戏内容 3. "碰手指游戏"的规则是什么? 4. 集体玩"碰手指游戏" 5. 打手背游戏	适时介入 (预设提升点:专注力、反应力及学会替他人着想) 游戏时要注意什么? 师生合作游戏	通过游戏的体验,感受学以致用的乐趣,在游戏中为他人着想,提高自己的反应力
	快乐水果队 1. 介绍自己小队的口号及游戏内容 2. 演示游戏内容 3. 对于失败的同学成功同学的不同体验	适时介入 (预设提升点:专注力及提高身体素质) 适时补充游戏	通过游戏的体验,体会专注力,增强身体素质。 感受到集体游戏的快乐
总结		总结提升 如果游戏玩腻了怎么办?	激发学生创新意识

四、活动反思

经过一段时间的思考,从学生亟须解决的问题入手,我把本次活动的主题定为"一起玩游戏",目的是解决孩子在走廊跑跳打闹的现象。虽然那个阶段,孩子的感冒较多,但在活动中学生的表现还是令我相当满意的。静下心来反思这一次班队活动的开展,有收获也有不足。首先从这次活动的定位来看,"一起玩游戏"重在集体性的游戏,一种群体性的活动,而非单个游戏组合在一起。这使我明白,一次班队活动的主题并不是随意定的,而要根据活动的主题进行命名,切入点要小,活动要集中。从活动中学生的表现来看,思维活跃,表达也比较完整。这使我更深刻地明白了当初张老师为什么说,孩子的思维没打开并不是孩子紧张。

这次班队活动结束后,在反思课堂的同时,我也想到了不足。孩子思维的打开不仅仅需要宽松、民主的家庭教育,更需要一些对外的活动来帮助他们打开思维。自我局限的思维影响到了孩子的发展,这是我下学期需努力改正的。

对于岗位的评价一定要及时、多元,这样就容易促使学生积极主动地参与到班级的管理中,这同样是我下学期需要努力的方向。

"游戏变变变"主题班队活动设计方案

一、活动目标

1. 增强学生的小组观念,使其初步具有合作意识。
2. 感受到一起游戏的快乐,丰富课间生活。
3. 初步学会多角度思考问题。

二、活动设计依据

1. 学生情况分析

学生进入小学已有一个半学期,小学的学习生活和学校生活对学生来说已经较为熟悉。学生对于学校的一切已没有了最初的新鲜感。在平时的交往中，是以"玩"为主题，他们养成了一些基本的学习习惯与生活习惯，知道在平时的学习与活动中应遵守规则，但在接触群体规范时，持久性不强，自控能力较差，经常在走廊里追逐打闹。班里的家长素质较高，多数家长积极支持学校工作，但由于家长包办太多，学生反应不够灵活，习惯于接受别人对自己的服务，主动服务意识不强，口头表达能力和动手能力不强。学生性格差距较大，有的孩子比较听话乖巧，有的孩子个性较强，从小接受蒙氏教育，以自我为中心；有的孩子在国际幼儿园接受外式教育，个性比较散漫，没有规则意识。

2. 活动系列分析

一年级有三个班在二楼，活动的范围非常有限。每到下课，学生收拾完东西再做好课前准备，去厕所或打水时就开始跑，非常危险。为改善这种乱跑闹的现象，我们设立专门的走廊监督员，并向学生推荐了一些课间游戏，如魔尺、翻花绳、手指游戏、水果蹲等。最初，学生对这些课间游戏比较感兴趣。为培养学生的创造力和想象力，我们举行了"百变魔王"的比赛，班里孩子掀起了一股"玩魔尺"的热潮，但自控能力较差的孩子经常上课时拿出来玩。为改善这种情况，我号召学生开展新的适合小组玩的游戏，对于积极开发新游戏的孩子进行奖励，并设立一个新的小岗位——游戏推荐员。但由于小孩子的持久性不强，不久孩子又玩腻游戏了。本次活动帮助学生提供一个创编游戏的思路，丰富学生的课间活动。

三、系列活动设计

争当聪明喜羊羊之课间游戏系列："聪明地玩"。
活动1　一起玩游戏——游戏推荐
活动2　百变魔尺赛——游戏比赛
活动3　游戏变变变——游戏创编

四、活动过程

活动环节	学生活动	教师活动	设计意图
回顾活动	1. 欣赏学生课间游戏的照片 2. 交流	1. 播放学生活动时的照片 2. 游戏玩腻了怎么办？引入活动 3. 回顾创编游戏"乒乓球"时注意了哪些问题	通过欣赏熟悉的课间活动照片，在音乐的渲染下带领学生走进情境，创设活动氛围，感受一起游戏的快乐
核心活动过程	环节一：创编游戏 1. 小组讨论 2. 创编自己小组的游戏 水果蹲 炒豆豆	适时介入 过程指导	通过游戏的创编，增强小组观念，初步学会多角度思考问题
	环节二：呈现各组创编后的游戏 1. 每个小组呈现创编后的游戏 2. 类似的相互补充	资源梳理 比较创编后的游戏的安全性和趣味性	通过游戏的体验及相互补充，感受到创编游戏的快乐
活动总结		总结提升	激发学生创新意识

"游戏变变变"主题班队会实录

一、活动过程

1. 启动

中队长宣布：各小队整队报告人数。

第一小队小队长：报告中队长，第一小队应到8人，实到8人，报告完毕，报告人：徐冉。

第二小队小队长:报告中队长,第二小队应到7人,实到7人,报告完毕,报告人:杨画尹。

第三小队小队长:报告中队长,第三小队应到8人,实到8人,报告完毕,报告人:马送水。

第四小队小队长:报告中队长,第四小队应到7人,实到7人,报告完毕,报告人:王馨悦。

第五小队小队长:报告中队长,第五小队应到8人,实到8人,报告完毕,报告人:于子涵。

第六小队小队长:报告中队长,第六小队应到7人,实到7人,报告完毕,报告人:徐展宇。

中队长报告:报告中队辅导员,本次活动应到45人,实到45人。一切工作准备就绪,报告完毕。报告人:中队长王一涵。

中队辅导员回答:接受你的报告,预祝本次活动圆满成功。

中队长宣布活动开始,请辅导员老师主持。

辅导员带领队员进行前期活动回顾,播放队员平时活动时的照片。

辅导员:在班歌声中,让我们一起来欣赏一些照片吧。(投影出示,队员边唱班歌边欣赏照片)

辅导员:照片中的我们在做什么?笑得这么开心?

队员:游戏。

辅导员:是的,游戏给我们带来了笑声,带来欢乐。在玩游戏时,我们要注意什么?

队员:安全,还要有规则。

辅导员:可最近老师发现有的队员开始在走廊里打闹,这又是什么原因呀?

队员一:我们不喜欢玩了。

队员二:我们玩腻了。

队员三:总是一种玩法,没有意思了。

辅导员:是的,玩腻了怎么办呢?本次活动就让我们一起把小队平常玩的游戏进行变变变,看看哪个小队能变出新的花样、新的玩法,让队员们玩得高兴,玩得快乐。

辅导员:现在以小队为单位,讨论一下,这个游戏还可以怎么玩(你们想怎么玩)。你们讨论好后,可以来玩一玩。

2. 交流展示

小队讨论、交流。辅导员随时指导。

辅导员:老师发现队员们讨论得很热烈,玩得很高兴。下面我们一起来交流一下,把你的想法与大家分享,好吗?

辅导员:你们小队是怎么玩的?给大家演示一下,其他同学仔细听,看看他们都有哪些变化。咱比比看,哪个同学观察得最仔细。你们这个小队来当小裁判好吗?看看哪个小队的队员观察得最仔细,说得最明白。

一小队上台呈现,其他小队欣赏。

辅导员:他们这一小队是怎么变的?好,跟他们小队一样变了名字的请举手,说说你们小队变成了什么名字。

队员们交流自己小队改变游戏的名称。老师随时点评:"队员们真有创意,会自己动脑筋创编游戏。除了变名字,你们小队还变了什么?继续交流一下,好吗?"

队员继续交流。

辅导员:现在"水果蹲"这个游戏让队员们这样一变,有了这么多玩法,现在,选择一种你们喜欢的一起来玩玩。

队员们选择自己喜欢的创编游戏进行游戏。

辅导员:玩得高兴吗?队员们继续把"炒豆豆"这个游戏变个花样,好吗?

各小队继续对"炒豆豆"游戏进行创编。

辅导员:哪个小队先来给大家玩一玩,这个小队是怎样变的?你们小队是怎样变的?队员们交流自己创编的游戏玩法。

3. 活动总结

今天队员们玩得高兴吗?有没有想说的?

队员一:我知道了,以后游戏玩腻了,可以进行创编。

队员二:我们可以把游戏改名字,改玩法。

队员三:以后做事情要动脑筋。

……

二、活动收获

本次活动主题反映了本阶段学生的成长需要。活动中以小队的形式讨论、交流,呈现创编后的游戏,增强了小队意识,初步培养了队员的合作观念。队员感受到一起游戏的快乐，达到了让队员初步学会多角度思考问题的基本目标。

活动过程中，辅导员能站在学生的立场上思考问题，队员们在活动中出现问题能及时去回应，能抓住活动中生成性资源给予支持鼓励和指导。活动采用小组合作，先讨论再游戏，动静结合，先有思考再付之于实施，使每个队员都乐在其中。

行走在新基础教育的路上

我从四年级的班主任岗位上下来，看着一年级的孩子，有诸多不如意。他们不会扫地、不会摆桌子、不会收作业，事事需要我亲力亲为，身体的疲惫加上思想的劳累，我的心情比较烦躁。其实对于一年级的孩子来说，我还是比较了解的，因为我的儿子刚刚上二年级。因此，他在一年级及我在当一年级家长时所面临的问题记忆犹新，同时几年的教学经验也使我知道，一年级是一个培养习惯、教会孩子做事情的关键时期。

一年级上学期，我和学生都处于一个了解的时期。接触下来，我发现孩子整体素质挺不错，家长的素质也比较高。班级绝大多数的家长对孩子要求较高，孩子们比较胆小、拘谨，思维不够活跃，口头表达能力不强（我儿子也是这种情况）。面对这样的情况，我比较担忧，在这样的班级里怎么能上好一次班队活动呢？鉴于此，我决定这学期不对外开放活动，先从打开学生的思维、培养学生的习惯入手。

看着不成行的桌椅，地面上静悄悄躺着的纸花，桌子上离了我的提醒就杂乱无章的学习用品，我有点愤怒，也感觉到前所未有的累。看着眼前的一切，深感身上担子沉甸甸的，于是我想到了在班级里设立了一些小岗位，让孩子们参与到班级管理中去。

尽管孩子才开学两个星期，但为了提高孩子的主动参与意识，我还是开始在班级设立小岗位，进行了班级第一次班队活动。我以一竖排为一个小队，每排设立一名小排长，负责收发作业（这个由认字多、仔细的孩子担任）；一名小桌长，负责整理桌子；一名卫生监督员，负责检查地面的纸花；一名小提醒员，负责每节课提醒孩子做好课前准备；一名小抽屉长，负责监督孩子抽屉里物品的摆放；如果是 6 人一组的同学，一人负责教室里灯的开关，一人负责卫生用具的摆放，一人负责浇花，一人当走廊提醒员，负责走廊的安全。这样每个孩子都有了自己的小岗位，积极性被调动起来了。大多数孩子都积极参与到班级的管理中，主动性提高了，已不是刚开学那样总等着别人来做，自己被动接受。现在有一部分孩子能主动做事情，眼中有活儿。看着孩子们的表现我很高兴。但好景不长，孩子在两个周的积极参与后，积极性明显不高了。为了再次提高他们积极参与的意识，我把小岗位进行了一番调整，以"我当小主人"为主题开展了第二次班队活动，让学生自己设立岗位，自己选岗。当出现多人选一岗的时候，我就问每个孩子打算怎么做，并表扬他们说得好的一些做法，然后让孩子举手表决，对眼操的监督、队列的整理按学号进行轮岗，这样使每个孩子都能参与班级管理。同时，我对评价进行了改革，给表现好的孩子发一张小卡。通过一段时间的努力，我发现桌子开始变直，地面开始变干净，上课铃声响了，他们知道坐好，小提醒员能按时到岗了，这种主动参与班级管理的意识增强了。

  为了更快提高学生的能力，我利用家长会与家长进行了交流，希望他们改变对孩子的教育方式，能放松对孩子的要求，希望以此使学生的状态有所改变。

  我与家长的努力取得了一定的效果，孩子们变活跃了，变主动了，面对突然出现的问题不是只等着别人来为自己处理事情，开始自己学着处理了。以班里同学不舒服吐了为例，刚开始孩子捂着鼻子跑开，现在一看见就拿着拖把扫帚跑过来帮忙。这种变化给了我莫大的安慰，同时给了我鼓励，让我有勇气承担起 12 月份对外的班队活动。

  经过一段时间的思考，从学生目前亟须解决的问题入手，我把本次活动的主题定为"一起玩游戏"，目的是解决孩子在走廊跑跳打闹的问题。虽然感冒的孩子较多，但孩子们的表现还是令我相当满意的，这使我更深刻地明白了当初张老师为什么说是孩子的思维没打开并不是孩子紧张。这次班队活动结束后，在反思课堂的同时我也想到了自己的不足。孩子思维的打开不仅需要宽松、民主的家庭教育，更需要一些对外的活动。我局限的思维影响了孩子的发展，这是我下学期要努力改正的。

二年级

"走进传统节日"主题班队活动方案

一、活动目标

1. 了解春节等传统节日的来历及风俗民情,感受祖国灿烂的民族文化。
2. 在活动中,培养小队成员的合作意识,体验亲子活动及合作的乐趣。

二、活动设计依据

1. 班级情况分析

我们班共有学生45人,其中男生23人,女生22人。班里的家长素质较高,多数家长积极支持学校工作,但不愿意主动参与亲子活动。家长重视学习习惯的培养,轻视活动,没有很好地意识到活动中锻炼孩子的重要性。加上家长包办太多,孩子的反应不够灵活,习惯于接受别人对自己的服务,主动服务意识不强,口头表达能力和动手能力不强。孩子性格差距较大,有的孩子比较听话乖巧,有的孩子个性较强,以自我为中心;有的家长对孩子的约束过多,导致孩子做事情没有主见,总处于被约束的状态,比较呆板。

2. 活动背景分析

二年级下册的《识字一》讲述的是有关传统节日的内容。中国的传统节日形式多样,内容丰富,是中华民族悠久的历史文化的一个组成部分。传统节日的形成过程,是一个民族或国家的历史文化长期积淀凝聚的过程。其中,春节、元宵、清明、端午等中国传统节日已被列入国家级非物质文化遗产保护名录,还列入国家法定假日,这体现了国家对传统民俗节日的重视。然而现在的孩子对于传统节日的了解甚少。传统节日有哪些?在哪一天过?怎样过?孩子们都不知道,更不用说感受传统节日中的民族文化,他们对于圣诞节都比传统节日了解得多。为了丰富学生的知识，了解民间风俗，感受源远流长的历史文化，我决定举行传统文化系列活动。

三、系列活动设计

"走进传统节日"系列活动。

活动1　走进传统节日——了解传统节日的来历、习俗

活动2　走进节日，感受传统——传承文化

四、活动过程

活动环节	学生活动	教师活动	设计意图
导入	回顾《识字一》，朗诵儿歌	1. 播放儿歌，引出主题； 2. 传统节日有哪些； 3. 提出评价内容	回顾语文课内容，引出传统节日
过程	一、各小队介绍传统节日 每个小队采用不同的活动形式，介绍自己选择的传统节日： 春节 1. 情景剧； 2. 表演 元宵 1. 儿歌、竹板； 2. 三句半 清明 1. PPT； 2. 背古诗 端午 1. 儿歌、手工； 2. 情景剧 二、评价 1. 小队表演； 2. 小队倾听	适时介入 过程引导 资源梳理 为走进节日，感受传统文化做准备	每个小队通过不同形式的介绍，让小队成员感受到活动的快乐，并在活动中了解传统节日，感受祖国灿烂的文化

(续表)

活动环节	学生活动	教师活动	设计意图
总结		总结提升	进一步激发学生对传统节日的热爱,感受传统节日的文化

"走进重阳节"主题班队活动方案

一、活动目标

1. 了解重阳节的来历、习俗及意义,懂得尊老、爱老是中华民族的传统美德,感受祖国灿烂的民族文化。

2. 在活动中,提高小队成员的合作能力,体验亲子活动及合作的乐趣。

二、活动设计依据

1. 班级情况分析

我们班共有学生45人,其中男生23人,女生22人。班里的家长素质较高,多数家长积极支持学校工作,但不愿意主动参与亲子活动。家长重视学习习惯的培养,轻视活动,没有很好地意识到活动中锻炼孩子的重要性。加上家长包办太多,孩子的反应不够灵活,习惯于接受别人对自己的服务,主动服务意识不强,口头表达能力和动手能力不强。孩子性格差距较大,有的孩子比较听话乖巧,有的孩子个性较强,以自我为中心;有的家长对孩子的约束过多,导致孩子做事情没有主见,总处于被约束的状态,比较呆板。

2. 活动背景分析

中国的传统节日形式多样,内容丰富,是中华民族悠久历史文化的一个组成部分。传统节日的形成过程,是一个民族或国家历史文化长期积淀凝聚的过程,其中,春节、元宵、清明、端午等中国传统节日已被列入国家级非物质文化遗产保护名录,还列入国家法定假日,这体现了国家对传统民俗节日的重视。然而现在的孩子对于传统节日的了解甚少。传统节日有哪些？在哪一天过？怎样过？孩子们都不知道，更不用说感受传统节日中的民族文化，他们对于圣诞节都比传统节日了解得多。为了丰富学生的知识，了解民间风俗，感受源远流长的历史文化，我决定举行传统文化系列活动。

三、系列活动设计

"走进传统节日"系列活动。
活动1：走进传统节日——了解传统节日的来历、习俗
活动2：走进节日，感受传统——传承文化

四、重阳节活动过程

活动环节	学生活动	教师活动	设计意图
导入	课件出示：齐读《采桑子·重阳》	1. 播放诗词，引出主题； 2. 提出评价内容	通过读诗词，猜节日引出传统节日——重阳节
过程	一、各部门介绍重阳节 宣传部的同学主持，每个部门采用不同的活动形式，介绍自己选择的重阳节的内容。 学习部： 感谢奶奶们和我们一起过重阳节 课件出示：	适时介入； 过程引导	每个部门通过不同形式的介绍，让部门成员感受到活动的快乐，并在活动中加深对重阳节的了解，懂得尊老、爱老是中华民族的传统美德，感受祖国灿烂的文化

(续表)

活动环节	学生活动	教师活动	设计意图
	体育部： 历史演变、习俗 课件出示 纪律部： 各地习俗 情景剧并配以课件 卫生部： 现代人的重阳节	资源梳理 为走进节日，感受传统文化做准备	
总结		总结提升	懂得尊老、爱老是中华民族的传统美德，感受祖国灿烂的民族文化

附：

重阳节主题班会主持词

一、宣传部同学在音乐中登场

1号—3号：人生易老天难老，岁岁重阳。

4号—6号：今又重阳，战地黄花分外香。

7号—9号：一年一度秋风劲，不似春光。

齐诵：胜似春光，寥廓江天万里霜。

（音乐渐弱中停止）

1号：同学们，你们知道我们刚才朗诵的这首诗，写的是什么节日吗？对，说的是重阳节！

2号、3号：这首诗是我们敬爱的毛泽东主席写的，题目就叫"采桑子·重阳"。

4号、5号：是啊，农历的9月9日是重阳节。

1号:同学们,那重阳节是怎么来的呢?让我们一起听学习部的同学为大家介绍介绍吧!

二、学习部同学登场介绍

三、主持人登场

1号:学习部的介绍太棒了,让我们对重阳节的来历有了更多的了解。那么,重阳节又有哪些习俗呢?

6号、7号:在古代,重阳节也叫"登高节"。

8号、9号:由此可见,重阳节有着登高的习俗。

1号:同学们,你们知道吗?古诗中有很多都是描写重阳登高的。

6号:其中有一首,就是唐代王维写的《九月九日忆山东兄弟》。

7号:对!这首我们都很熟悉!

8号、9号:那我们一起来朗诵一下吧!

齐说:好!独在异乡为异客,每逢佳节倍思亲。遥知兄弟登高处,遍插茱萸少一人。

1号:今天,体育部的同学也准备给我们介绍重阳习俗呢,让我们欢迎他们上台吧!

四、体育部同学登场介绍

五、主持人登场

2号:听了他们的介绍我才知道,重阳节还有这么多习俗呀!

3号:我知道有一首赏菊的古诗《九日登玄武山旅眺》。

4号、5号:我们也知道!是唐代邵大震写的。九月九日望遥空,秋水秋天生夕风。寒雁一向南去远,游人几度菊花丛。

4号:这里面不仅描写了赏菊,还告诉我们秋天一到,大雁就要飞到南方去!

2号:还有清代初期的诗人宋祖谦写的《闽酒曲》呢!

2号、3号:惊闻佳节近重阳,纤手携篮拾野香。

4号、5号:玉杵捣成绿粉湿,明珠颗颗唤郎尝。

1号(跑上来):宣传部的同学知道的重阳古诗真不少!不过,纪律部的同学都着急了,他们要给我们介绍全国各地的重阳习俗呢!

2号:那就快请他们上来吧!

六、纪律部同学登场

七、主持人登场

4号:哇!纪律部同学介绍得太丰富了!

8号:从古到今,全国各地还有这么多重阳习俗呢!
9号:真让我们增长见识了!
4号:那我们身边的人是怎么过重阳节的呢?
8、9号:最后,请卫生部的同学快来给我们说说吧!

八、卫生部同学登场

九、主持人登场

1号:卫生部同学的介绍真不错!
2号:今天,我们每一组的同学都介绍非常好!
4号:让我们把掌声送给自己吧!
9号:九九重阳节,就是老人的节日。
1号:我们可以和爸爸妈妈一起经常去看望爷爷奶奶、姥姥姥爷。
2号:平时,我们要多为他们做一些事情,多关心他们。
9号:我们还可以去关心一下养老院里的老人们。
4号:在生活中,我们更要做一个尊敬老人、孝敬老人的同学。
1、2号:同学们,让我们一起行动起来吧!
齐:把我们中华民族的优良传统发扬光大!谢谢大家!

四、活动反思

经过本次主题队活动,学生对于重阳节的来历及意义都有了较深的理解,也知道了各地重阳节的习俗,明确了重阳节是在1989年被确认为老人节,倡导全社会树立尊老、敬老、爱老、助老的风气。学生能意识到尊老应该从自身做起,从身边的小事做起,并能和家长亲切地沟通,树立正确的人生目标,在活动中提高了解决问题的能力。

在活动中,学生自编自演,团结协助。家长给予了很多支持,并且专门从网上订购了演出服装,让学生在活动中感受到了乐趣,体会到中华民族传统文化的魅力。

活动也存在不足,如学生年龄较小,对于中华民族的传统文化还了解得不够深刻;在活动中家长参与过多,学生没有得到更好的锻炼;外延活动没有很好地开展。

"走进传统节日"主题班队会实录

一、启动

中队长宣布：各小队整队报告人数。

各小队长向本小队队员发出"立正"口令，小队长双手握拳，自然摆动，跑步到离中队长一米左右处立正、敬礼，待中队长还礼后，再礼毕报告。

中队长回答："接受你的报告！"报告人敬礼，待中队长还礼后，再礼毕，然后向后转，跑步到本小队前，发出"稍息"的口令，再向后转，亦稍息。

各小队报告完毕后，由中队长向辅导员报告。报告前，中队长向全中队发出"立正"口令，然后跑到辅导员面前，敬礼。

报告词：报告中队辅导员，本次活动，应到45人，实到45人。一切工作准备就绪，报告完毕。报告人：中队长王一涵。

中队辅导员回答：接受你的报告，预祝(本次)队会圆满成功。

中队长敬礼。待辅导员还礼后，中队长回原位，向全中队发出"稍息"口令。

中队长宣布活动开始，请辅导员老师主持。

二、情景设置，导入活动

辅导员：同学们，我们刚刚学过《识字一》的韵文。这些韵文讲的都是什么？

队员：是传统节日。

辅导员：对呀，都讲的是我国一些传统节日。有关传统节日，我这里还有一首儿歌，一起来边听边读吧。

投影出示：小孩小孩你别馋，过了腊八就是年。贴窗花点鞭炮，回家过年齐欢笑。摇啊摇，看花灯，我们一起闹元宵。清明节，雨纷纷，大地开始冒春苗。赛龙舟过端午，粽子艾香满堂飘。七夕节看今朝，牛郎织女会鹊桥。过中秋，蟹儿肥，十五月圆当空照。重阳节要敬老，转眼又是新春到。年年岁岁岁岁年年,福星高照。

辅导员:好听吗?这首小儿歌告诉我们一些传统节日。那么这些传统节日是怎么来的?在这些节日里,我们都需要做些什么?为什么要这样做呢?让我们一起在儿歌中开始今天的主题活动吧。

三、活动过程

1. 介绍春节的小队

辅导员:活动前,每个小队进行了选择,并在家长的帮助下,对所选择的传统节日进行了研究。今天让我们一起来欣赏吧。我们从节日的时间顺序来进行,先请介绍春节的小队来吧。

(1)第七小队

第七小队队员集体上场:老师同学们大家好,我们为大家表演《过年啦》。

旁白:过年啦,穿新衣啦,放鞭炮喽。新年到,真热闹,哈哈笑,长一岁。小朋友知道新年是怎么来的吗?

相传,中国古时候有一种叫"年"的怪兽,头长触角,凶猛异常。("年"出场,并做怪状)。

"年"长年深居海底,每到除夕才爬上岸,吞食动物伤害人命。因此,每到除夕这天,家家户户、男男女女逃往深山,以躲避"年"兽的伤害。

……

从此每年除夕,家家贴红对联、燃放爆竹;户户烛火通明、守更待岁。初一一大早,还要走亲串友道喜问好。这风俗越传越广,成了中国民间最隆重的传统节日。

小朋友们还知道春节有哪些习俗吗?

守岁——岁岁平安;吃饺子——团团圆圆;贴对联——红红火火;走亲戚——热热闹闹。

过年的乐趣可真不少啊,祝大家在新的一年里事事顺心!

辅导员:感谢第七小队的精彩表演。从他们的表演中,我们知道了什么?春节还有什么习俗,为什么会有这样的习俗呢?我们一起来看看下一个小队的表演吧。

(2)第八小队

背景音乐(鞭炮声响起)

角色分配：

刘宇萱：爷爷

郭一诺：奶奶

曹文烁：孙女

马天睿：孙女

刘星宇：孙子

徐明宏：孙子

孙女：奶奶，什么是过年呀？

奶奶：过年就是过节嘛！大家要穿上漂亮的衣服，包饺子贴春联，吃好多好吃的。

孙女（曹文烁）：那为什么叫过年呢？

爷爷：爷爷来告诉你啊！过年跟一个古老的传说有关！传说在很久很久的以前，有一头非常凶猛的怪兽，这个怪兽叫"年"，他比恐龙还要大，跑起来比风还要快，叫起来比打雷还要响，见什么吃什么。不过这个"年"有三怕，一怕响声，二怕红颜色，三怕火光。于是每到年要来的时候，家家户户就放鞭炮，贴春联，挂灯笼。如果"年"没有来，第二天大家就说"过年好，过年好"！

孙女（马天睿）：噢！原来过年就是这么来的啊！

爷爷：这只是古老传说的一种。现在我们过年主要为了让一家人聚在一起，高高兴兴吃一顿团圆饭，送走过去的365个日子，迎来一个美好崭新的春天，所以这个年还有一个好听的名字，叫春节。

孙子（刘星宇、徐明宏）：那春节我们都要做什么呀？

六个同学一起：小孩儿小孩儿你别谗，过了腊八就是年；腊八粥，喝几天，哩哩啦啦二十三；二十三，糖瓜粘；二十四，扫房子；二十五，冻豆腐；二十六，煮煮肉；二十七，宰公鸡；二十八，把面发；二十九，蒸馒头；三十晚上熬一宿；大年初一扭一扭。

大家一起合唱：唱儿歌放鞭炮。四季里收成好，转眼又是新年到。新年到，丰收的新年多热闹，大街小巷放鞭炮，舞龙灯踩高跷，迎财神接元宝，家家户户乐逍遥，乐逍遥！四季里收成好，转眼又是新年到。新年到，丰收的新年多热闹，大街小巷放鞭炮，舞龙灯踩高跷迎财神接元宝，家家户户乐逍遥，乐逍遥！过新年，人人笑，见面说声新年好。新年好快乐，新年多热闹，无论男和女老和少。穿新衣，戴新帽，大家乐陶陶，家家户户乐逍遥！过新年，人人笑，见面说声新年好，新年好！快乐的新年多热闹，无论男女和老少，穿新衣戴新帽。大家乐陶陶！

队员刘宇萱拿着红包，边分边说"发红包了"！

辅导员：同学们拿到红包高兴吗？

队员齐喊：高兴！

辅导员：知道过年为什么发红包吗？

队员佳凝讲解发红包的来历。

辅导员：你怎么知道的？

队员佳凝：是从一本书上看到的。

辅导员：同学们，多读书是一种学习方式，让我们知道得更多。平时我们一定要多读书呀！知道了春节的来历及习俗，下面让我们一起走进元宵节吧。有请第一小队。

2. 元宵节

（1）第一小队

播放视频（视频画外音，提前配好音）：同学们，在古代，正月十五元宵节是和新年同样重要的节日。人们要吃元宵，赏花灯，猜灯谜。那么你们知道关于元宵节的传说故事吗？别急别急，下面就让我们娓娓道来。

快板响起（全体，伴动作）。

男（张家瑞）：闲言碎语不要讲，元宵来历听我讲；古代有个东方朔，头脑灵活学问高……

合：正月十五闹元宵，举家幸福庆团圆（摆造型定住）。

歌曲响起：

卖汤圆，卖汤圆，小二哥的汤圆是圆又圆。一碗汤圆满又满，三毛钱呀买一碗。汤圆汤圆卖汤圆。汤圆一样可以当茶饭，唉嗨哟。汤圆汤圆卖汤圆，汤圆一样可以当茶饭。

第一小队队员，边下台边说：吃汤圆了！

辅导员：我们在轻快的小快板中了解了元宵节的来历，下面让我们一起来看看第二小队给我们带来的元宵节三句半。

（2）第二小队

马送水、刘昱君、张凯泽、王馨悦、韩坤，按顺序上台。

韩坤说：大家好，我们是第二小队，今天表演的节目是《元宵节三句半》。希望大家仔细听,等我们表演完了可是要提问的啊!

马送水:今天说段三句半,
刘昱君:说得不好多包涵,
张凯泽:不管说得好不好,
韩坤(先敲一下锣):别跑!

……

全体(鞠躬):谢谢大家!我们的表演结束了。现在是提问时间,请听题:元宵节是农历的哪一天?人们在元宵节的时候通常会做什么?

队员回答:正月十五。吃元宵,猜灯谜,赏灯,放烟火。

辅导员:在欢快的三句半中,我们了解了许多元宵节的知识。清明节是怎么来的?请第六小队的队员上台为我们讲解。

3. 清明节

(1)第六小队

打开课件背景,五人登台,鞠躬——

齐诵:清明时节雨纷纷,路上行人欲断魂。借问酒家何处有?牧童遥指杏花村。

1号队员:同学们,你们知道,刚才我们朗诵的古诗说的是什么节吗?对!是清明节。清明是二十四节气中的一个。

2号队员:清明一到,气温升高,正是春耕春种的大好时节。

3号队员:所以,才有"清明前后,种瓜种豆""植树造林,莫过清明"的农谚。

4号队员:不光如此,清明节还有很多有趣的民俗民风呢!

5号队员:下面,就听我们给大家介绍介绍吧!

1号队员:清明节是一个祭祀的日子,很多人在一天要上坟、扫墓,怀念去世的亲人和革命烈士。为了安全,我们现在更倡导不要烧纸、最好用献花等文明祭祀方式。

……

1号:中国还有不同节日吃不同食物的习俗。清明节是扫墓的日子,所以有着不生火不开灶和吃寒食的习惯。

2号队员:说到这,我想起来还有一首与清明节有关的古诗呢!

大家一起:是《寒食》!

3号队员:同学们,我们一起来朗诵一下吧!(全班齐诵)

4号队员：同学们，听了我们的介绍，你对清明节是不是更了解了呢？

5号队员：我们的介绍结束了，谢谢大家！

一起鞠躬，下场。

辅导员：谢谢第六小队精彩的介绍，同是讲解清明节的第三小队已等不及了，下面让我们一起来欣赏第三小队的精彩表演。

(3)第三小队

集体亮相，鞠躬：大家好，我们是第三小队成员。

主持人串词：同学们，你知道清明节吗？你知道清明节是关于什么的节日吗？简单来说清明节是我国传统节日，也是最重要的祭祀节日，是祭祖和扫墓的日子。扫墓俗称上坟，祭祀逝者的一种活动。汉族和一些少数民族大多都是在清明节扫墓。

展宇：清明节最早大概有2500年的历史。清明节有很多传统，其中描写清明节的古诗就很多，最早的就是清明传说中，介子推留给晋文公的血诗，以希望晋文公能勤政清明，把国家治理好，让我们来欣赏一下这首诗吧：

割肉奉君尽丹心，但愿主公常清明。
柳下作鬼终不见，强似伴君作谏臣。
倘若主公心有我，忆我之时常自省。
臣在九泉心无愧，勤政清明复清明。

晋文公把这首诗作为自己执政的座右铭，鞭策着自己，让百姓过上安居乐业的生活。

清明后登城眺望

〔唐〕刘长卿

风景清明后，云山睥睨前。
百花如旧日，万井出新烟。
草色无空地，江流合远天。
长安在何处，遥指夕阳边。

通过学习清明的古诗，我们了解了很多清明节的历史文化，诗人用简单的文字，描写了很多社会面貌、人文历史，丰富了我们的思想。同学们和我们一起来背诵有关清明节的古诗吧，下次班队会我们来开一次诗会。谢谢大家！

全体鞠躬敬礼。

辅导员：第三小队的队员已经向全班同学发出了倡议，要举行一次诗歌会。同学们想参加吗？

队员齐喊：愿意！

辅导员：那就好好准备吧！端午节是为了纪念谁而设立的节日呢？我们一起来观看第五小队的表演吧。

4. 端午节

（1）第五小队

"屈原"出场：路漫漫其修远兮，吾将上下而求索。大家好，我是屈原，是春秋时期楚怀王的大臣，公元前278年，秦军攻占了我国国土，眼看自己的祖国被侵占，在五月初五，我写下了绝笔作《怀沙》之后，投汨罗江而死。人们为了纪念我，就有了端午节。

"奶奶"和"孩子们"上场：孩子们快来呀。刚才屈原说是为了纪念他才有了端午节。你们知道端午节吗？

孩子1：我知道，我知道。每年的农历五月初五是端午节，端午节在我国是个重要而古老的民间节日。至今已有2000多年的历史了。端午节又称端阳节、五月节等，还被列入世界非物质文化遗产名录呢。

奶奶：对，我们要把传统的节日继续传承下去，发扬光大。那你们知道端午节有什么习俗吗？

……

奶奶：孩子们说了这么多，咱们现在一起给大家发五彩绳，然后学包粽子好吗？

孩子们：好呀！

第五小队队员分发五彩绳，学包粽子。

辅导员：拿着辟邪的五彩绳，我们一起来欣赏最后一个小队的表演。

（2）第四小队

第四小队全体同学诗朗诵《五月五》，配响板。

男：五月五，是端阳。

女：门插艾，香满堂。

男：吃粽子，洒白糖。

合：龙舟下水喜洋洋。

……

队员家长：亲爱的队员们，了解了端午节的来历，让阿姨教你们做手工粽子吧。愿意学吗？

队员齐喊：愿意。

家长和第四小队队员教同学们做手工粽子。

辅导员总结：亲爱的队员们，通过本次班队活动，我们了解了这四个传统节日的来历，了解了节日习俗，感受到了中华民族的传统文化源远流长，让我们下次班队活动再继续了解其他几个传统节日吧。

辅导员宣布活动结束。

三年级

好习惯伴我成长
——走近动物小说家沈石溪

一、活动目标

1. 了解动物小说家沈石溪的生活经历,感受他对文学的热爱,对动物的关爱与保护,培养学生阅读兴趣。
2. 学习他的写作方法与经验,激发学生留心生活,观察生活,做生活中的有心人。

二、活动背景

1. 学情分析

学生步入三年级,各方面的能力在提高。但是因为长期养成的习惯,学生的反应不够灵活,习惯于接受别人对自己的服务,主动服务意识不强。学生的性格差距较大,有的孩子因为比较听话,创新意识不强;有的家长对孩子的约束过多,导致孩子做事情没有主见,做任何事情都比较拘束,存在依赖心理。

2. 背景分析

为给学生初步树立一个正确的人生观,激发学生的阅读兴趣,给合我校的"作家进校园,文学种心田"活动,利用我校邀请动物小说家沈石溪进校园的契机,开展了"走近动物小说家沈石溪"系列活动,以激发学生阅读的热情。

三、活动准备

学生提前阅读小说,了解沈石溪。

四、活动过程

活动环节	学生活动	教师活动	设计意图
导入	课件出示,签名售书现场照片	引入活动主题	通过图片,渲染情境,导入活动
过程	一、各部门呈现活动 同学们,上周动物小说家沈石溪来到我校给我们讲述了他的写作感受,你们还记得那个场面吗? 宣传部: 1. 情境再现签名售书的现场; 2. 部门提问 学习部: 1. 介绍自己部门同学的读书情况; 2. 推荐适合不同年级的书目 体育部: 为什么只写动物小说? 1. 交流; 2. 部门队员养小动物的经历 后勤部: 谈收获	1. 适时介入 重在引导部门的团队合作及留心观察生活 2. 过程引导 3. 资源梳理 阅读的兴趣,读书的热情;做生活中的有心人	通过各部门的活动,增强学生的团队意识,激发学生的读书热情,热爱阅读,并能留心观察生活
总结		总结提升	做生活中的有心人

"寒假生活,缤纷多彩"活动设计方案

一、活动目标

1. 回顾寒假生活的丰富多彩,感受寒假生活的愉悦。
2. 体验交流,学会合理安排生活。

二、设计依据

1. 班级情况分析

我班共有学生 44 人,其中男生 23 人,女生 21 人。班级学生个体间的差距不是很大,性格比较内向,愿意参加班级组织的各种活动,能提出自己的想法或建议,但学生的表现欲不强,总习惯于等待,组织管理能力不强。根据这一情况,本学期计划在班级重新设置学生自己喜欢的岗位,竞聘负责人,采取轮换的制度,调动这部分学生的积极性,同时提高大家为他人服务、为班级服务的意识。

2. 活动背景

学生每年都享受寒假、暑假两个大假期。相比较而言,寒假时学生更难管理一些,因为这个假期里有一个传统的节日——春节,许多学生往往在过年、拜年的过程中,忽略了学习任务。所以每次寒假结束回到学校,学生将草草完成的作业一交就算完成任务,做事虎头蛇尾。为此,三年以来,我第一次以班队会的方式进行寒假总结,希望能让学生开阔视野,明白学习不仅仅是写在书本上的字,还可以将看到的、听到的用相机记录下来,还可以亲身体验,走进社区,感受运动与劳动带来的乐趣。

三、活动过程设计

活动环节	学生活动	教师活动	设计意图
主持人宣布活动开始	回顾"寒假生活，缤纷多彩"的作业内容，引出活动主题		回顾寒假中应该做的一些事情，进行自我评价"我做得怎样？"为接下来的活动欣赏做好准备
活动交流	各部门呈现假期活动。以学生呈现内容为主题，临时组建部门 **学习内容**：寒假生活指导、古诗、成语 选出书写最认真的、作业质量完成最高的 **读书伴我成长** 呈现方式：电视节目 1. 小主持人回顾读书的意义； 2. 交流读书收获 (1)两位同学交流； (2)分组交流读书收获； (3)读获得特等奖的名单并颁奖 **春节习俗** 呈现方式：主持人与同学现场互动 1. 主持人提问：过春节时有哪些习俗呢？ 2. 了解设置的奖项 最佳视觉奖、最佳艺术奖、最佳设计奖、最佳搜索奖	适时提问引导：高质量完成作业，需要养成良好的学习习惯，合理安排作息时间 适时引导：你们愿意和爸爸妈妈一起读书吗？为什么？体会亲子共读的好处 引导学生推荐喜欢的书 对对联做简单介绍	帮助孩子合理安排时间，做好计划 让学生学会选择合适的书籍

（续表）

活动环节	学生活动	教师活动	设计意图
	3.欣赏入围的春联作品并公布获得最高奖"最佳视觉奖"的名单（板贴）并说说获奖感言 **实践活动** 1.做灯谜； 2.彩虹伞 **体育活动** 1.参加的运动； 2.学会的游戏	适时引导：合理利用资源 引导孩子们锻炼身体	通过不同的活动，进行简单的寒假生活总结，树立榜样，调动学生参与寒假活动的积极性 树立做事有始有终的意识，假前有布置，假后有总结
总结延伸	1.主持人总结； 2.学生交流，引起反思； 3.主持人宣布活动结束 音乐《步步高》	师生互动总结，送上自己写的对联	通过总结，引起大家思考"下一个假期我该如何度过？" 为新的学期做好打算，做事有始有终

四年级

"我的工作我总结"主题班队会活动设计方案

一、活动目标

1. 通过此次总结活动,让队员总结自己工作一学期的成绩,肯定优点,找出问题,学会解决。

2. 通过活动让队员们相互学习,让认真负责的队员及部门起到典型带动作用。

二、设计依据

1. 学生情况分析

我班有45名学生,22名女生,23名男生。学生性格活泼,个性强,情商比智商相对来说要高一些。学生的差距较大,个别学生比较懒惰,习惯不好,做事拖拉,自理能力比较差,所以,整体性管理比较难。经过三年多的锻炼,有几位女同学工作能力比较强。相对于女生来说,男生要淘气一些。在四年级以前,我们班是女生的"天下"。男生们很能干,重活累活他们抢着干,劳动意识较强,集体观念较强,但他们身上也有现在独生子女所拥有的一切问题。

2. 活动背景

上学期的岗位竞聘,每个学生都大胆走上了讲台,经受了不同程度的锻炼,增强了自信心。特别是男孩,更确切地说,是那些性格比较内向的男孩,变化非常大。他们变的主动、自信了,做事情敢于发表自己的见解了。现在的男生与女生平分"天下"。但经过一个学期的工作,我发现学生身上及所设的岗位还存在问题。各部长的工作能力强,责任心也较强,能认真负责地完成部门工作,持之以恒,但有的部门的一部分孩子的能力没有得到更好的锻炼,有的同学甚至不服从管理。为此,我通过本次的总结活动,使学生总结优点,树立榜样的引领作用,相互学习,取长补短。

三、系列活动

1. "我的班级我做主"——班级岗位建设

上学期相继召开了"我的班级我管理""我的岗位我设置""我的问题我解决""我的岗位我总结"等系列性的班级岗位建设与重组活动。

2. "我的班级我美化"——班级文化建设

这一主题是本学期的工作重点,围绕着班级文化这一主题召开各项活动,以此来美化教室。

四、活动过程

教学环节	学生活动	教师活动	设计意图
活动回顾	主持人宣布活动开始,说说前期的工作		对前期工作进行回顾,引出本次活动内容
活动过程	每个部门上来汇报自己上学期的总结 体育部: 1. 简述上学期的活动; 2. 现场采访:夸夸体育部; 3. 重点说明"胖子减肥小组"成立的原因、做法及效果 宣传部: 1. 上学期工作的回顾; 2. 重点说明调查表中学生提到最多的:如何高效完成工作 管理部: 呈现一个问题的解决过程 纪律部: 通过讲故事来汇报纪律部的工作特点及优缺点	根据现场情况,适时点拨	让每个部门根据调查的结果,有针对性地将自己一个学期的工作呈现出来,使学生能相互学习,取长补短

(续表)

教学环节	学生活动	教师活动	设计意图
	学习部： 根据调查表中同学所提到的问题，呈现问题的解决，简要说明一下上学期的成绩 卫生部：以哑剧的形式呈现卫生部日常工作中遇到的困难，调动所有学生参与帮助卫生部解决困难中 后勤部： 1. 把部门日常工作介绍给大家； 2. 重新调查部门上学期工作完成的情况		
总结		总结各部的优点，做一个实验	让每个孩子意识到自己的重要性，增强责任感

附：

"我的工作我总结"系列调查表

姓名：_____

1. 在本次总结会上，你最想看到部门总结哪方面的内容？

2. 你认为可以用什么样的形式呈现？

3. 你认为上学期哪些部门的工作完成得比较出色？说说你的理由。

4. 你想给哪个部门提建议？你的建议是什么？

5. 你认为在上学期，哪些同学对待班级工作认真负责？请举例说明。

6. 你认为班里哪个部门的工作是最重要的，为什么？

"我的班级我管理"主题班队会活动设计方案

一、活动目标

1. 通过本次活动,真正调动学生的主动性,把主人的地位还给学生,把管理的权力还给学生。

2. 通过调动学生的积极性,提高学生的参与意识,把评价的权利还给学生。

二、活动设计依据

1. 学生情况分析

我班有45名学生,22名女生,23名男生。学生性格活泼,个性强,情商比智商相对来说要高一些。学生的差距较大,个别学生比较懒惰,习惯不好,做事拖拉,自理能力比较差,所以,整体性管理比较难。经过三年多的锻炼,有几位女同学工作能力比较强。相对于女生来说,男生要淘气一些。在四年级以前,我们班是女生的"天下"。男生们很能干,重活累活他们抢着干,劳动意识较强,集体观念较强,但他们身上也有现在独生子女所拥有的一切问题。

2. 活动背景

提高全部学生参与班级管理的意识,提高学生自我管理的能力,让学生的自我约束能力与自我管理能力成为一种习惯,做到老师在与不在一个样。小班干部们能明确各自的职责,自主行使权力,真正成为班级的主人,还班级管理于学生,将班级工作有声有色地开展起来,使每个孩子都参与到班级管理中,做到班级中"事事有人管,人人有事做"。

三、系列活动设计

1. "我的班级我做主"——班级岗位建设

班级相继召开了"我的班级我管理""我的岗位我设置""我的问题我

解决""我的岗位我总结"等系列性的班级岗位建设与重组活动。

2."我的班级我美化"——班级文化建设

这是下学期的工作重点,围绕着班级文化这一主题举行各项系列活动,以此来美化教室。

四、活动过程

教学环节	学生活动	教师活动	设计意图
活动回顾	本次主题班会是"我的班级我做主"的延续活动"我的班级我管理" 每个部门是经过同学们自己选择,经投票后产生的 每个部门的任务和职责还不明确。对每个部门的职责和任务进行了讨论,并对这学期的工作进行了规划		使每个孩子明白班级管理需要大家参与,每个人都是班级的主人
活动过程	每个部门对自己部门的工作进行阐述: 1. 管理部; 2. 纪律部; 3. 体育部; 4. 学习部; 5. 后勤部; 6. 卫生部 每个部门对自己的工作目标和任务进行阐述(部门不分先后,采用自愿上台的方式)	根据现场情况,适时点拨	让每个部门根据自己讨论的内容与大家一起交流,完善部门的工作,提高孩子的参与意识
总结	每个部门接受同学的评议并修改自己的计划	总结本次活动同学们的参与意识,提出后续活动	让每个孩子意识到自己的重要性,增强责任感

"我的工作我总结"班队会活动总结

通过一个学期的班队岗位建设,我发现了学生的进步,也看到了学生的不足。如何调动学生的积极性,提高学生的能力,激发学生的主动性,增强学生的集体荣誉感,使班级工作更上一个台阶,需要给学生一个机会,让每个孩子能对自己一个学期的表现进行正确的总结,让学生能相互学习,取长补短,使这学期的工作更好地开展,因此召开了本次主题队会。

在活动准备中,就活动主题,我们几易其稿,但都被以前的思路所局限。最后的商量结果如下。

后勤部:一个学期特别忙,结果确换来这样的结果。为什么会是这样的结果,你是怎样想的?同学们不了解,所以主题是介绍后勤部的工作。

体育部:调查是最好的,现场采访。他们没有觉得自己是最好的,这都是他们应该做的。

卫生部:他们有困难。刚整理好,但上课后同学又去动了;刚捡干净,但不知道什么时候又出现了。所以他们想到围绕"困难大于优点"来展开。

管理部:协调各部门的工作。

宣传部:黑板报很及时,重点说明这一点。

纪律部:分工有问题,没有用人之长。

学习部:自认为工作很好,但其实活动不新颖。

忙碌的一周终于结束,我与学生都长长地松了一口气,但是听完张老师的点评,我原本放松的心情又变得沉重起来。经过一年学期的实验,我确实发现了学生进步的地方,性格内向的孩子经过积极的锻炼变得自信了,胆小的孩子也敢站上讲台了,总是丢三落四忘带东西的同学变少了。看着学生的表现,我由衷感到很高兴,但同时发现学生身上存在问题。经过一段时间的工作,学生的积极性不高,而且我总不停催促他们到了什么时间该做什么事情了,为此我感到很不正常,在反思中我感到管理出问题了。正如张老师在评课中所说到的那样,我们班里的7个部长能力都比较强,讲话表达时非常流畅、自信。而其他的委员就没有部长讲话时那么自信,就是因为他们平时获得锻炼的机会太少了,再加上性格的原因,他们已经养成了等部长来解决问题,做事情就只靠等,而非自己主动去做的习惯。而7个部长因为机会太多了,再给他们机会时就开始不珍惜,开始应付了。

经过上学期的实践,我发现了这个问题,也开始反思这个问题,但是没有想出如何来解决这个问题。经过张老师的点拨,我豁然开朗,解决这个问题可以在班级里实施双班委或进行轮岗。

其实上个学期我也想进行双班委的建设,但后来因为事情太多没有实施,反而因此耽误了对一部分孩子的锻炼。张老师通过一节课就发现了我班或者说我的管理问题,很佩服。于是,在经过一番深深的思考后,我开始在班里实施改革。

我让原先的7个部长荣升为岗位小导师,隶属于管理部,原来的管理部成员让他们自愿竞选到别的部门去,同学们可自由竞选部长。经过一节课激烈的竞选,新一任部长诞生了。其中,学习部、后勤部的部长是我没有料想到的,学习部的部长是平时不断提醒大家姿势的同学,也就是学习部中工作最认真的同学;后勤部的部长是报修物品最及时的同学。虽然我低估了他们的能力,但这也说明他们的工作同学们是看在眼里的,也只有那些认真工作的同学最能得到同学们的认可。还有一个孩子两次竞选都失败了,很难过。为了不打击这个孩子的积极性,我找她谈话,让她想原因。于是她哭着告诉我,可能是自己做得不够好。想到此,我忽然明白了这个孩子竞选不上的原因,其实她的能力是有的。我很希望她能竞选上,但是结果出乎我的意料。原来不管到哪里,不管是谁,只要认真工作,就会得到别人的认可,也就是说"只要是金子,到哪里都会发光"。每一朵花都有开放的理由。

竞选中,有的同学提出想换部门,理由是不想总在一个部门,想要在不同的部门锻炼一下。我尊重学生的想法,让他们自己说想到哪个部门去,结果又出现了几件让我没有料到的事。其中有这样几个画面:新任体育部部长向我提出了要招收一个女生的建议,我尊重他们的意见,让他们负责完成这个工作。有一个同学想要到学习部去,新任学习部长向这名学习成绩好,但非常淘气的孩子提出了要求,让他管好自己的纪律。当又有一名学习成绩不好的同学提出想到学习部时,新任学习部长又提出了新的要求,让这名同学学主动学习,提高学习成绩,让爸爸妈妈多帮助。新的纪律部长在接受一个想加入的同学时,她先没有答应,而是先提问一个问题:"在布置工作时,新加入的你能否认真听?会不会出现在原先卫生部中出现的问题?"在得到肯定的答案后,她才答应。当然她也是根据孩子的特点提出不同的要求,如下课后不能乱跑等新的要求。新的卫生部长也根据同学的特点,提出了新的要求,如管理好自己的卫生,认真工作等。新任宣传部长刘佩琪因为一个想到宣传部的男生纪律不好,竟然提出了要对该男生进行一个周的试用期等各种新鲜的想法,这给我不少触动。

下课后,更出现了令我欣慰的画面,有的新任部长组织委员们开会,有的部长找岗位小导师们请教,还有的在安慰落选的同学,看到这种种的场面我非常感动。为了让更多的同学得到锻炼机会,同时为了保持同学们这种积极的态度,我告诉他们,部长的任期为一个月,效果如何,还在考察中。

张老师提出我比较强势,让我在"还"字上下功夫,说如果我能改变一下,我们班的学生会更阳光,思维会更活跃。听到这种评价,我感到不理解。于是我反思了一下当时课堂上的表现以及给老师留下那种印象的原因。

后来经过和彩凤老师交流,我忽然意识到,在刚开始的课堂上,管理部的同学在汇报时非常紧张,我很着急。后来体育部的同学上台汇报时,因为过于紧张,他们的亮点没有汇报出来就要进行下一步,我非常着急,语气过于强硬,不经意间打断了学生的讲话。对于这些问题我会及时改正,争取有更大的进步。

我的工作我总结

学生是涌动着无限活力的生命体,是教育的起点和归宿。面对学生,我们要做一个真正有价值的班主任。新基础教育要求我们要面向全体学生,以学生为中心,让学生实际状态成为教育教学的起点和出发点,成为教学目标制定的依据;在成事中成人,以成人促成事;教天地人事,育生命自觉……使学生全面和谐地发展,我们的班级管理究竟该如何阅读学生个体,提升学生学习生活及生命的质量呢?随着时间的流逝,我们与"新基础教育"相伴已经有一年了。在近一年的工作中,我与孩子都成长了许多。下面我就一年的工作来做以下总结。

一、自我改变

最早接触新基础教育,我对其中的理念可谓"雾里看花,水中望月",虽然静下心来读了有关的理论书籍,也认真观摩了实验老师的课,用心倾听了张永老师的点评,但是因为没有经过切身的体验,只能说"纸上谈兵",感受来得不够真切,此刻也更明白了古人所言的"纸上得来终觉浅,绝知此事要躬行"。

后来我接到了上课通知,一听到这个消息时,我很自信。因为平时对学生的管理还是很有经验的,是非常民主的。通过前三年的锻炼,我们班的个别学生能力还是比较强的。怎样来展示出学生的能力,应该选择一个什么主题呢?我一直在思考这个问题,正好想到因为上学期,学生忙于复习考试,没有对部门的工作进行总结,就想着把这个工作放到现在来做吧。

对于上学期的总结,我想到的就是把优点和不足说说,然后让同学提提建议。于是接着的几天,我都着手让同学照着我的这个想法去准备。就在刘蕾主任带着我们进行第一次研讨时,我说完自己的设想后,大家都陷入了一阵沉思,气氛的沉闷让我感到了压力。后来晓文老师的一句话给了提示:"你怎么不问问学生他们想总结什么?"是呀,这句话是我平时经常提醒别人的,怎么到了自己身上就没有想到呢?平时还一直以学生自己为主,关键的时候就想不到了。

经晓文老师这么一指点,我马上想起需要做一项调查,了解一下学生的想法。但可能因为有了我先入为主的想法,学生的调查问卷也没有给我提供更好的想法(现在想想可能当时孩子的思维没有打开,所以也想不到好的点子)。为此,我非常苦恼,于是还是按照最初的想法去做,一遍遍地组织学生讨论,查找问题,找出解决问题的方法,并且注意用到不同的方式方法,注意各部门的汇报形式,检查学生的准备工作。这个过程很辛苦,终于等到了需要学生展示的那一刻,我很高兴也很忐忑。

在汇报的过程中,我发现学生没有按照我预想的去做。我非常着急,几次打断了学生的发言,由我代替讲完,一节课终于在我的担心中上完了。我长舒了一口气,不忘先表扬了一番学生,虽然课堂气氛有点沉闷,学生有点紧张(张老师不这样认为,实际上的确是这样),但我还是感觉到了。

这次活动结束后,我先是虚心地倾听了张老师及各位老师的点评,但随着张老师的点评越来越多,我开始很不服气。难道这次活动真的那么差吗?我开始对张老师产生了一种怀疑,也可以说是不满,但碍于面子,我还是把张老师的点评用心记了下来。虽然不服气,但我还是挺佩服张老师的,因为张老师所说的问题我在上学期都遇到了,可我没有想到很好的解决办法。

短短的 40 分钟,就发现了我的管理问题所在,如果没有水平是做不到这一点的,同时我发现了张老师在认真、用心地倾听每一位孩子的发言,关注的是每一个孩子的表现,每一位孩子在一次活动中的收获对他今后影响,而非仅仅几个孩子像演员似的在舞台上背台词。

这一次活动过后,我一直在思考着张老师点评的一些话语,不断琢磨自己的问题所在。于是我大胆地在班级里进行了第二轮的竞选,让更多的孩子参与到班级的管理,让更多的孩子得到锻炼。结果是令我意想不到的,也告诉我,每个孩子都是有潜能的,你给他多大的舞台,那么他就有多大的提升空间。

我把自己的体会与同级部的老师分享,建议他们也开始实行这种小班委,效果挺好。在其他老师出课时,我由原来的"你问问学生想做什么"到现在首先问的是"这节课的育人价值是什么"。虽然只是问题的改变,但我发现自己的观念也在慢慢转变。同时在自己的语文课堂上,我也发生变化,总是耐心听完每个孩子的发言,尽管有时孩子回答得不对,我也会努力捕捉他的生成点,也会不断告诉孩子,倾听是一种美德。

随着班级工作的开展,我自己特别累,因为那些新上任的小部长还不会干,小导师也没进入角色,于是又需要我不断提醒,不断改正。我又开始思考哪里出了问题,为什么会这样呢?

就在我不断思考、不断改正过程中,我又接到了上课的任务,于是我就问同学们班里有哪些问题迫切需要解决,于是学生纷纷表示要解决部里出现的问题。但有两个孩子持反对意见,原因是那是一种作秀,课结束了,就没有用了。听了那个孩子的话,我深刻体会到了平时工作的不足,于是我先给学生做了一番说明。我们不是演给谁看的,我们就是要把班级出现的问题解决。当听到我这么说时，学生似乎也明白了，因此我也非常感谢那些不同的声音，让我知道了自己工作的不足。虽然我一直认为自己很尊重学生，平时工作也以学生为主体，但真正操作起来，才发现还是存在着很大的差距。

第二次的班队会选题就这么定下了，我也没像上一次那样注重形式的不同，不断指导学生做这个做那个，而是先带领学生讨论出每个部门所在的问题，然后在课堂上解决。在这节课上解决几个问题呢？对于这个问题我很纠结，最后决定还是尊重每个部门的建议，把学生的问题一起解决。

在这一次的活动上，我用心倾听了每个孩子的发言，同时关注到了孩子，想方设法地捕捉教学中生成的问题，但总存在着缺憾。这一次的活动，学生紧张的情绪得到了有效的缓解，同时思维也比较活跃。想到此，我的脑子里就出现了张永老师的那几句话："你们班的孩子现在就像是一锅煮开的沸水，需要你用网去把他们编织起来。"这句简单的话语又给了我启迪，让我明白了做一件事情需要不同的角度去看待，需要帮助学生通过一件事情或是几句话来打开思维，教会孩子怎样从不同的角度去思考问题，让学生在倾听中有所提升，有所收获，实现育人的价值。在活动后的一段时间里，我努力朝着这个方向努力，不管在我的语文课上，还是在我的品德课上以及与同学平时的交流，我都努力修改着自己的评价语言，争取让孩子在我的评价语言中有收获，有所感悟。

二、学生的改变

这帮孩子是我从一年级带上来的，对于他们，我倾注了很多的心血。平时我很注重培养学生的能力，因此学校很多老师知道，我们有一批优秀的学生干部。他们之所以那么优秀，是因为得到了很多锻炼的机会。特别是三年级时对孩子进行分小组管理，几个小组长的能力得到了迅速的提升，以至于学生也形成了习惯，有什么事情都知道直接找当时的小组长或班长来解决。

到了四年级，一开始我在班里实行岗位制时，愿意上台竞选的大概只有十几个同学，其他同学的竞选稿子都是听着别人上台竞选时在课堂上想的。第一次的竞选给了我很大的触动，因为有的同学上台落落大方，有的同学上台紧张得连句话都不会说了，站上台后只说了一句话：

"我想竞选后勤部,请大家投我一票。"

为了了解学生真切的感受,在竞选后我让学生写了一篇日记。有的孩子在日记中写道:"那一刻的开心只有我自己知道。""我可真不容易,紧张得我直打哆嗦。"还有一个同学是这样写的:"终于,我尝到了成功的喜悦!"读完学生的日记,我陷入了沉思,曾经很自以为是地认为我以学生为主体,对学生的管理是很民主的,学生有话愿意跟我讲,有不满意的地方也能直接跟我交流,也充分关注到了每个学生,甚至有的家长不断跟我说,我的管理很民主,学生很自信。其实,我仅仅注重了对个别孩子的培养,而没有面向全体学生。

在反思自我之时,我又认真琢磨着学生为什么都愿意选择后勤部,也充分证明了学生的不自信,不敢大胆走上前来向同学们展示自己。今后的工作需要做的还有很多很多。

第一次竞选后,学生激情高涨。以百倍的热情投入自己的工作岗位,课堂气氛也比较活跃。学生大胆地在课堂上举手发言,看着学生的表现我很高兴,第一次感到了"新基础教育"带来的好处。

以前班级出现问题时,只有那些热心的同学张罗,而现在地面纸花有人捡,桌子歪了有人摆,路队不齐有人提醒。在班级工作的开展过程中,原本比较羞涩的晓添和若维,上课发言不积极,就连受到表扬也会脸红,因为担任了体育部长的工作,能力得到了极大的提升,上课回答问题非常积极,自信心也增强了。不只他们体育部的,其他几个孩子也在不同程度上有了提高,能大胆管理同学的路队了,上课回答问题积极了。在班级以部门为单位开展的品德与社会的讲课活动中,他们的表现得到了极大的好评。同学们纷纷表示这两个小老师上的课真精彩。有的家长也打电话交流说孩子的脸皮"变厚了",高兴的心情溢于言表。原本比较拖沓的孩子也能想着带东西了,不再丢三落四了。

但随着同学们新鲜感过去,有的孩子出现对工作不积极的情况。第二学期,在张老师的指导下,我们又开始了轮岗,轮岗后的学生工作热情又是大增,小导师们在最初也能各负其责,学生的能力再一次得到了提升。但其中也存在着问题,如执行力不强,内部出现矛盾,部长不能起带头作用。鉴于此,我想在下学期实行双班委岗,提高学生的竞争意识,让学生的能力在竞争下得到相互促进。

五年级

"多彩体育节,和美做运动"活动设计方案

一、活动目标

1. 使每个部门成员清楚组织一次调查的具体流程,提高学生全员参与调查、分析调查反馈总结反思的能力。

2. 在调查的基础上,提高学生参与学校活动的兴趣,并锻炼学生思维,切实提高活动策划组织能力。

二、活动设计依据

1. 班级情况分析

学生步入五年级,各方面的能力在提高。通过几年的小岗位设置,学生参与活动及组织能力有提高,但是因为学生长期养成的习惯,学生的反应不够灵活,习惯于接受别人对自己的服务,主动服务意识不强。学生的性格差距较大,有的孩子因为比较听话乖巧,创新意识不强;有的家长对孩子的约束过多,导致孩子做事情没有主见,总是处于被约束的状态,做任何事情都比较拘束,存在依赖心理。

2. 活动背景分析

学校年年都有体育节,每次都是那么几个班获一、二名,活动形式也是固定。因为注重比赛成绩,所以总是一部分学生代表班级参加活动,并且因为缺少必要的宣传,学生知道体育节的不多,只知道其中的几个比赛项目。因此我以体育节活动为主题,引导学生在调查、分析的基础上,自主设计活动,从而建议学校以更合理的方式,更有效地开展主题活动,让更多学生真正参与学校活动,成为学校、学习的主人。由于活动由学生亲自开展,过程中人人参与、形式相对轻松,大大提高了学生的兴趣,也使得学生得到了多方面的锻炼。

三、系列活动设计

活动 1：众说纷纭体育节
活动 2：多彩体育节，和美做运动
活动 3："我是运动小达人"
活动 4：运动收获大家谈

四、活动过程

活动环节	学生活动	师生互动	设计意图
导入：回顾前期活动	课件出示前期活动内容： 学生发放、回收、分析调查问卷，采访老师的照片	分析问卷，回顾前期活动，引出活动主题	通过图片，渲染情境，导入活动
过程	1. 学生根据调查得出的体育节存在的问题，讨论制定体育节活动时应注意的事项； 2. 以部门为单位讨论、设计体育节； 3. 各部门交流，互相补充	一、制定体育节活动的规则 1. 一起分析结果：找出往年我校体育节存在的问题，并分析原因； 2. 如果我们设计体育节活动，你认为要体现什么样的特点？ 适时介入 设计体育节活动 部门成员讨论、设计体育节活动方案，教师参与交流； 体育部交流活动方案，其他部门补充 适时介入 时间安排、活动内容、奖项的设计等，重在锻炼学生的思维	通过汇报交流，学习分析问题的方法，促进进一步的思考，切实提升调查能力，并引导学生解决问题，在此基础上设计合适的活动。在互动过程中互相启发，共同解决问题
总结		总结提升 本次活动的收获	

"多彩体育节,和美做运动"活动策划书及调查表

活动策划书

_____部

活动目的	
活动时间	
活动项目 （比赛形式）	
奖项设计及说明	
注意事项	

____年级调查表

1. 你知道我们学校的体育节吗？_____
2. 你是否代表班级参与过以往的体育节活动？_____
3. 你知道的体育节的活动有哪些？你最喜欢哪个项目？

4. 你认为目前学校的体育节活动有哪些不足？你有什么建议？

5. 你认为体育节应该是怎样的？

六年级

"清明时节缅怀先烈,红色精神我们传承"主题班队会实录

一、活动开场

A:敬爱的老师,
B:亲爱的同学们!
AB:大家好!
A:本次我们班队会的主题是——
AB:清明时节缅怀先烈,红色精神我们传承。
B:本次班队会分为三个主题:追溯历史,缅怀先烈,传承精神。
A:清明节是传统的重大春祭节日,是为了纪念介子推的节日。扫墓祭祀、缅怀祖先,是中华民族数千年以来的优良传统。
B:下面进行第一主题。
A:请体育部的同学们为大家追溯一下历史,大家欢迎。

二、追溯历史

1. 体育部的分享

清明节又叫踏青节,在仲春与暮春之交,也就是冬至后的第104天,是中国传统节日,也是重要的祭祀节日之一,是祭祖和扫墓的日子。清明节大约始于周代,距今已有2500多年的历史。

(1)清明节由来

春秋时期,晋公子重耳

PPT 呈现

流亡在外，途中饿晕。介子推割下大腿的肉给他吃。后来公子重耳成为晋文公，封赏忠臣忘了介子推。当重耳想起时，介子推却不愿再做官，背着母亲隐居在绵山。重耳就放火烧山逼他出山，但大火烧了三天始终不见人出来，上山寻找发觉他和其母已烧死了，留下了一片有血诗的衣襟——"割肉奉君尽丹心，但愿主公常清明"。于是，重耳将放火烧山的这一天定为清明节。

（2）踏青

踏青为春日郊游，也称"踏春"，一般指初春时到郊外散步游玩。清明节期间到大自然去欣赏和领略春日景象，郊外远足，这种踏青也叫春游。

（3）插柳

清明节是杨柳发芽抽绿的时间，民间有折柳、戴柳、插柳的习俗。柳枝插在屋檐下，还可以预报天气。古谚云："柳条青，雨蒙蒙；柳条干，晴了天。"

（4）射柳

射柳是一种练习射箭技巧的游戏，就是将鸽子放在葫芦里，然后将葫芦高挂于柳树上，弯弓射中葫芦，鸽子飞出，以飞鸽飞的高度来判定胜负。

（5）荡秋千

荡秋千是中国古代清明节习俗。秋千不仅有益健康，而且可以培养勇敢精神，至今为人们，特别是儿童所喜爱。

（6）植树

清明前后，春阳照临，春雨飞洒，种植树苗成活率高，成长快。因此，自古以来，我国就有清明植树的习惯。

师适时介入点拨：同学们，你们还知道哪些清明节的习俗呢？

学生补充回答：吃青团、回家祭祀等。

师补充：在老师小时候，我们还会在清明节这一天，拿着煮熟的鸡蛋进行碰鸡蛋游戏，并吃一些象征着聪明的小葱。这都是传统的习俗，其中蕴含着许多乐趣，也希望同学们能玩一玩，将这些传统的习俗传承下去。

学生：清明节不仅是为了让我们怀念已逝去的亲人，更是让我们缅怀烈士们，传承红色精神的节日。

B：体育部同学们的讲解十分精彩。

A：清明节历史悠久，不过你们知道有多少革命先烈为国捐躯吗？

B:嗯,那么下面我们就进入主题二,缅怀先烈。
A:有请卫生部的同学们为大家讲故事吧。

二、缅怀先烈

1. 卫生部的分享

(1)战役

①台儿庄战役

在历时 1 个月的激战中,中国军队约 29 万人参战,日军参战人数约 5 万人。中方伤亡约 5 万余人,毙伤日军 2 万余人。它打击了日本侵略者的嚣张气焰,坚定了全国军民坚持抗战的信心。这次战役鼓舞了全民族

战争景象

的士气,消灭了日本侵略者的威风,歼灭了日军大量有生力量。这是抗日战争以来取得的最大胜利。

②昆仑关战役

昆仑关战役为抗日战争的大型战役之一。主要地点位于中国广西战略要点昆仑关,起始时间为 1939 年 12 月 18 日至 1940 年 1 月 11 日。昆仑关战役有广义和狭义两个说法,广义的是指桂南会战中的防守南宁、反攻南宁和宾阳作战三部分,而狭义的只是指桂南会战中的反攻南宁部分。

③松山之战

松山战役是抗日战争滇西缅北战役中重要组成部分。中国远征军于 1944 年 6 月 4 日进攻位于龙陵县腊勐乡的松山,历时 95 天,本次战役胜利将战线外推,打破滇西战役僵局,同时,拉开了中国大反攻序幕。

(2)英雄人物

①黄继光

黄继光(1930—1952),四川中江人,出生在一个贫农家里。1951 年 3 月 12 日,他参加了中国人民志愿军。7 月 1 日,他同战友们一起跨过

鸭绿江。在前线,机炮连打坑道,他主动前去参加,受到全连干部战士的称赞,并荣立三等功。不久,他光荣地加入了中国新民主主义青年团。在著名的上甘岭战役打响的前夕,他被调到营部当通讯员。

1952年10月20日,在进攻零号阵地时,他挺身而出,要求担负爆破任务。他被任命为

黄继光

六连"功臣六班"代理班长,带领战士吴三年、肖登良向敌人阵地猛扑过去。在战斗中,为了保证在天亮前拿下零号阵地,为了取得整个战斗的胜利,他毅然用胸膛堵住敌人的机枪射孔,壮烈牺牲。时年22岁。

师适时介入点拨:同学们还知道哪些英雄人物?

师相机补充:对,黄继光、邱少云、董存瑞都是在战争中涌现出的革命人物,他们的爱国精神真值得我们学习。他们的故事曾经出现在我们人教版的课文中,老师就是学着他们的故事长大的。希望同学们课下也多读读书,红军二万五千里长征路上出现过许多感人肺腑的故事。

②张自忠

1940年5月,日军为了控制长江交通,切断通往重庆运输线,集结30万大军发动枣宜会战。1日,张自忠亲笔昭告各部队、各将领出战。7日拂晓,张自忠东渡襄河,率部北进。14日,双方发生遭遇战。15日,张自忠率领的1500余人被近6000名日寇包围在南瓜店以北的沟沿里村。激战到16日拂晓,张自忠部被迫退入南瓜店十里长山。日军在飞机大炮的掩护下,一昼夜发动9次冲锋。张自忠所部伤亡人员急剧上升。5月16日张自忠自

张自忠

晨至午,一直疾呼督战,午时他左臂中弹仍坚持指挥作战。到下午2时,张自忠手下只剩下数百官兵,他将自己的卫队悉数调去前方增援,身边只剩下高级参谋张敬和副官马孝堂等8人。5月16日下午4时,张自忠所部全军覆没,张自忠战死。

通过我们的讲解,同学们有哪些收获?

大家一起来读读这首诗吧。

带镣行

刘伯坚

带镣长街行,蹒跚复蹒跚。市人争瞩目,我心无愧怍。
带镣长街行,镣声何铿锵。市人皆惊讶,我心自安详。
带镣长街行,志气愈轩昂。拚作阶下囚,工农齐解放。

B:没错,战争是残酷的,我们班的一些同学家里的长辈也经历过呢。
A:现在,请后勤部同学来分享一些小故事。

2. 后勤部的分享

(1)明宏的太爷爷经历的事

当时整个村子都很穷,村里的人都走了。年轻人都出来当兵了。我心里就在想,咱家这么穷,在家当什么亡国奴。就想到了去当兵,当了个八路军。

我是1940年离家出来的。抗战时期,那时候出来就是打"鬼子",不做亡国奴。那个时候国家到处喊着"不做亡国奴"。

1937年七七事变后,全国掀起抗日风潮。东北失守以后,对学生还是有点影响。我那时候是小孩,影响不是太大。

我那时候村子呢,我记得是130多户吧。我出来的时候,当兵的还少,也就有十几个出来的。后来,解放战争时,出来都100多人了,都是成班、成排地出来了。

村子穷,穷村子,出来就是找出路的。我那个时候当兵,正好是国共合作时期。那个时候在山东的胶东半岛,有个八路军第五支队。在胶东军区第五支队当兵,那个出来就是当通讯员,送信什么的。

打"鬼子"印象最深刻的事情主要就是那两次扫荡了,那时候日子过得可是真苦。

"鬼子"一扫荡,我们晚上巡逻,白天睡觉。在这个村子里,周围站上岗。老百姓只许进来不许出去,封锁消息,谁也不知道这个部队今天到了这个村子里来。一到天快黑了,就开始行军,夜里走,就是昼伏夜出。没有休息时间,没有时间处理衣服,所以虱子就在身上长着。虱子多了不咬人的,痒痒挠一挠就不知道了。

春季扫荡过了以后,又来了一个冬季扫荡。冬季这个扫荡又叫"拉网合围式扫荡"。你们听说过"马石山惨案"吗?鬼子从东海的潍坊、蓬莱、青岛,一起合围,全都出动了。白天"鬼子"都往前走。一到晚上,他就生成火,一堆一堆的火,把你火围。

第一天,我们还看不到"鬼子",但是有个方向离"鬼子"近,夜里面能看到火。但第二天,这个包围圈小了以后,这周围怎么又有火了?但第三天,站着山上一看,周围一圈全是火圈。所以这第三天的时候,我们那个部队5支队教导营,第一天夜里要突围。行军的时候,我们以为没有火圈的地方比较安全,岂不知,远没有火圈的地方,鬼子越是有大部队在那里。结果我们突围到那儿,就没突围出去,又退了回来。

退回来以后,夜里行军,来去80里路。又回到了马石山,可是,等我们回到马石山的时候,鬼子也已经跟到面前了。等到这天晚上,我们都不用站在山头上了,只要站在稍微高点的地方就能看到周围的火圈已经小得就剩一点点了。一到晚上鬼子是不动的,他是怕的,就在原地堆起了火堆。

后来我们怎么办?我们还有一个部队叫五旅部队,是八路军部队,是个正规部队。我们的部队是个新部队,幼军部队。而五旅部队,是个战斗部队。他强,他冲在前面,组织老百姓冲出去,然后他再回来,再带着老百姓突围,一次一次的。

那这些老百姓,都到了这个山上。等到最后,这个山上围聚了六七千的老百姓。我们的部队没有战斗力,还不是正规部队。我们头天晚上没有突围出去,又回到了山沟里,就开始想办法,不能坐等,夜里再突围吧。

我们是个教导队,第一队有些营级的高级干部。我是第二队的,第二队有些排级干部。然后教导员就开始命令,第二队掩护第一队冲出突围。于是第一队就在夜里,从那个火堆冲了出去。

其实,那些火堆都是虚的,火堆旁也就两三个"鬼子"。那些"鬼子"也不管什么,老百姓的门、床,那些木板子,生一大堆火。然后我们就往外冲。第一队冲出去了,领导又下命令,"第三排,掩护一二排冲出去!"然后一二排又冲了出去。等轮到我们这排,天亮了。

没办法了,这些"鬼子"都醒了,火堆也灭了。"鬼子"一边喊着,一边也就冲上来了,然后就形成了一个包围圈。然后我们这个排就没有办法了,冲不出去了。

那个时候,几个战士一看情况不对,就走了。走的人也不多,然后排长就把我们集中起来,看看,报个名,数数还有多少人。还有二十七八个。这个排就还有20多个人。我们排的武器不行,枪有的都没有子弹。

排长就说,大家都混到老乡里面去,看看有防空洞的,就躲进防空洞里去,没有防空洞的,白天就隐蔽起来,晚上再向外突围。山前面就是海洋,说海洋有个什么村庄,然后到那个村庄集中,然后再找我们那个部队。结果我们就一直挨到晚上。等到晚上,我们就躲在了一个防空洞里。

正好也巧,我到那个防空洞里呢?里面有个老头子,正好是我们教导队炊事班的一个炊事员。还有一个小四号员,没我大,他才12岁。这么巧,我们就在这个洞里遇到了。

这个时候呢?我们已经两天没有吃饭了。最后他们说:"你们吃饭了吗?"我们说哪有东西吃。他就说:"好好好,我去找点东西给你们吃吧。"后来第二天天一亮,那个"鬼子"又喊着集中到了马石山上。就这次,我也算脱险了。

所以说,春季扫荡,差点丢了命。那个时候没有火围,没有"鬼子"拉网扫荡,但是这个秋季扫荡在马石山上拉网。

最后,白天的时候我们就冲出去了。我们到了山坡上,从那个山坡上看到鬼子往马石山上走。炮火往哪个山上打,我们能看得清清楚楚。最后一统计,马石山惨案死了有五六百人。我参加抗战时期,最危险的就是这两次了,别的都是平平淡淡就过来了。

好不容易抗战胜利了,1945年抗战胜利了。

再后来,抗战结束了,中国解放了。现在看中国啊,真的很好。

师介入点拨:同学们,他们通过这样的方式来呈现这个故事,老师认为同学们听得不明白。如果换一种方式来讲述会更好。你们说用哪一种方式?对,就是录成视频或音频,这样讲解得会更清楚。老师也要提醒大家,讲故事与念故事不一样,我们要学会讲而非上台读。这些事情都发生在亲人身上。在听他们讲故事时,我们会有一种非常深切的感受。虽然听起来战争离我们很遥远,却真实存在。我们不是生活在一个和平的年代,而是生活在一个和平的国度。这一切幸福生活的来源,都要感谢我们的党,感谢我们的国家,所以我们一定要努力学习,将来用自己所学的知识去建设祖国,让我们的祖国如巨龙一般屹立在世界的东方。

B:没错,其实有些事看似离我们很遥远,却就在自己身边。

A:接下来请宣传部同学们来为大家讲一些自己身边的事例。

3. 宣传部的分享

(1) 爷爷的战友

1979年2月,当时在广西当兵的爷爷和他所在的整支部队被派往越南参加"对越自卫反击战"。

爷爷当时所在的运输连主要任务是给前线运送补给。相对于前线,他们是比较安全的。在攻打到越南的高平省时,他们的兄弟连——火箭炮连,在往前线运输炮弹时,不幸迷了路,被埋伏在那里的越南军队包围,全部遇难了。其中有一个战士,受了重伤,昏迷在了血泊里,躲过了敌人眼睛。当他醒来时,已不知过了多久。他从战友们的尸体中爬出来,拼着最后一口气,拖着受伤的身体,不知走了多久,

战争中的留念

终于逃回了运输连的营地,倒在了战友面前。当时爷爷只看到他满身的血,已不能辨认出是谁,万幸的是,爷爷这位战友被救活了,是他把火箭炮连战友全部遇难的消息告诉了大家。

(2) 太爷爷的故事

我听太爷爷讲述了一个惨烈的革命故事。那天,太爷爷差一点儿就小命不保了！大概是1939年3月的一天,早晨他们出村子干活,只能等天黑进村,后来不知道敌人从哪得到消息,这个村里有躲藏参加共产党部队的人,就把他们四面团团围住抓走,关在一个村的祠堂里,几天不给他们吃喝。和他们关在一起的几十个人(包括共产党的人),清楚认识到,这样下去不被打死,就得饿死,如果不想办法就只能等死。他们密谋逃跑办法。终于有一天,敌人看守放松一点,让他们找到逃跑的机会。他们等到天黑,趁敌人不注意,逃到了墙外面。可外面是高高的水田沟,再往前就是一块还没种上水稻的泥水田。逃命要紧,不管沟有多深,有多高,都往下跳,可还是被敌人发现了。只见敌人大声吆喝,一边朝那里开枪,不要动！不许动！共产党士兵让他们快走,他们来掩护。太爷爷

他们听到后不管三七二十一地往前逃,淌过水田,连鞋也掉在水泥田里。那子弹嗖嗖从他们耳边飞过。他们还能清楚听到子弹落入水中的声音。就这样,只有他们跑了出来,现在想想都令太爷爷有点后怕呀!那天真不知死了多少人。

(3)战争家书

宁儿:

　　母亲对于你没有能尽到教育的责任,实在是遗憾的事情。母亲因为坚决地做了反满抗日的斗争,今天已经到了牺牲的前夕了。母亲和你在生前是永久没有再见的机会了……我最亲爱的孩子啊!母亲不用千言万语来教育你,就用实际行动来教育你。在你长大成人之后,希望你不要忘记你的母亲是为国而牺牲的……母亲死后,我的孩子要代替母亲继续斗争,自己成长,来安慰九泉之下的母亲!

1936年8月2日①

亲爱的荷馨:

　　余此次奉命固守东瓜,因上面大计未定,其后方联络过远,敌人行动又快,现在孤军奋斗,决以全部牺牲,以报国家养育!为国战死,事极光荣。你们母子今后生活当更痛苦,但东、靖、澄、篱四儿,俱极聪俊,将来必有大成,望勿以我为念。

安澜②

致战友:

　　看最近之情况,敌人或要再来碰一下钉子。只要敌来犯,兄即到河东与弟等共同去牺牲。国家到了如此地步,除我等为其死,毫无其他办法。更相信,只要我等能本此决心,我们国家及我五千年历史之民族,决不至亡于区区三岛倭奴之手。为国家民族死之决心,海不清,石不烂,决不半点改变。

张自忠
1940年5月③

----

① 赵一曼就义前给她儿子的遗书。
② 这是戴安澜于1942年率领中国远征军200师开赴缅甸抗击日本时写下的绝命家书。
③ 这是1940年张自忠在与日军战斗中,不幸牺牲。他留下了一封给战友的信。

师介入:同学们,你们从中读出了什么或是感受到了什么?对,就是对家人的思念与不舍。第一封信是赵一曼写给她儿子的,你知道吗?赵一曼在投身革命之前,她的儿子仅一岁。她把自己年幼的儿子托付给了朋友照顾,毅然投入革命。从此,她与儿子再没见面,当她不幸被捕时,她的儿子才8岁。这是她临死前写给自己再无缘分见面的儿子。从她的信中你读出了什么?如果你想要了解得再仔细些,老师建议你回去看看学习强国中的内容,上面有对赵一曼的详细介绍。

齐诵:缅怀先烈领悟革命精神的诗歌。

有的人
臧克家

有的人活着,
他已经死了;
有的人死了,
他还活着。
有的人,骑在人民头上:
"呵,我多伟大!"
有的人,俯下身子给人民当牛马。
有的人,把名字刻入石头,想"不朽";
有的人,
情愿做野草,等着地下的火烧。
有的人,
他活着别人就不能活;
有的人,
他活着为了多数人更好地活。
骑在人民头上的,
人民把他摔垮;
给人民做牛马的,
人民永远记住他!
把名字刻入石头的,
名字比尸首烂得更早;
只要春风吹到的地方,
到处是青青的野草。

他活着别人就不能活的人，
他的下场可以看到；
他活着为了多数人更好地活的人，
群众把他抬举得很高,很高。

B：是啊，正是有了这些为祖国与人民利益而牺牲的英雄们，我们才有现在的美好生活。

A：他们展现的是一种无私奉献的高尚品质，是一种为国捐躯的红色精神！

B：在现代，也有许多拥有红色精神的英雄们呢！

A：下面进行主题三——传承精神。有请纪律部！

三、传承精神

1. 纪律部的分享

(1)"逆行者"

2019年3月30日17时，四川省凉山州木里县境内发生森林火灾。3月31日下午，四川森林消防总队凉山州支队指战员和地方扑火队员共689人，在海拔4000余米的原始森林展开扑救。扑火行动中，受风力风向突变影响，突发林火爆燃，瞬间形成巨大火球，在现场的扑火人员紧急避险，30名扑火人员失联。

次日，人们发现了他们的遗体。

他们当中年龄最小的只有18岁，有的即将做爸爸，有的打算9月份退伍后继续读大学。

无论遇到什么危险，永远冲在第一线，不畏惧不闪躲，这就是我们的消防员！你们用鲜血与汗水不断书写着"人民消防为人民"的英雄赞歌，不会向命运低头，最美的逆行者，最值得尊敬的消防官兵。

除了这些在火场、战场上，为了保卫人民群众生命财产安全付出生命的烈士之外，还有许多在各个行业，为了中国的振兴发展几十年如一日，呕心沥血、默默无闻，最终牺牲了才让人们知晓并牢牢记住的英雄们，他们分别是——

南仁东

FAST工程首席科学家兼总工程师,主要研究领域为射电天体物理和射电天文技术与方法,负责国家重大科技基础设施500米口径球面射电望远镜。"天眼"建成后,他就永远闭上了眼睛。

黄大年

他带领400多名科学家创造了多项"中国第一",为我国"巡天探地潜海"填补多项技术空白……有外国媒体报道说:"他的回国,让美国当年的航母演习整个舰队后退100海里。"他的生命也定格在了59岁。

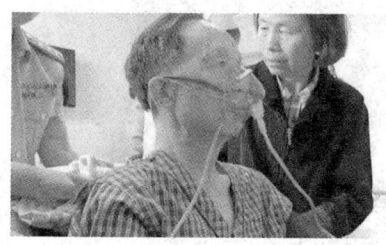

林俊德

他是中国爆炸力学与核试验工程领域著名专家,参与了中国的全部45次核试验。在去世前几小时依旧拒绝治疗、休息,坚持为国家保存高度机密的关键信息资料。

师:同学们还知道哪些拥有这种精神的人?这些人当中,有的留下了姓名,有的没有,只是在自己的岗位上默默付出。不管有没有留下姓名,他们一直在努力奉献自己的一切。所以有人说:哪有什么岁月静好,只是有人在替你负重前行。同学们,让我们一起努力,好好学习,将来为祖国做贡献,让我们的祖国变得更加强大!

B:没错,我们作为祖国的花朵,更要弘扬并传承它。接下来请学习部的同学来分享他们的活动。

2. 学习部的分享

(1)崂山烈士陵园:祭奠那些活在我们记忆中的人

崂山烈士陵园是为纪念即青战役以及青岛周边地区和驻军在不同

历史时期牺牲的烈士而修建的。陵园始建于 1992 年 4 月,占地约 80 亩,依山傍海,庄严雄伟,是一处规划完整的中轴式仿古建筑群。多年来,崂山烈士陵园通过不断升级改造,强化教育功能,提升服务水平,现已成为集瞻仰纪念、传承教育和旅游观光为一体的开放性群众活动场所。

陵园坐北朝南,依山而建,结构严谨,气势宏伟。大门亭仿照南京中山陵的牌楼建造。

参观崂山烈士陵园

从前广场沿 299 级台阶拾级而上,登至 280 米的最高处,建有革命烈士纪念碑,碑高 27 米,是用浮山花岗岩镶嵌而成,顶部是直径 2 米的铜质红五星,"革命烈士纪念碑"几个大字是著名书法家武中奇先生亲笔题写。

(2)烈士纪念堂

崂山烈士纪念堂分为中厅、东厅、西厅,以历史年代为线索,将先烈的英雄事迹、著名事件融入时代背景,方便理解和感悟。中厅中央是群雕《崂山英魂》,表现了先烈为追求真理英勇斗争、不屈不挠的大无畏英雄气概。后面是巨幅油画《崂山春晖》，象征先烈万世不朽的精神品格。中厅采用星光顶，象征在党的领导下，无数先烈的丰功伟绩如同星光灿烂永照千秋。东西厅吊顶采用火炬，象征着革命先烈精神如星星之火，代代相传。

内景

有一个场景展现的是王星五在白色恐怖下，组织新党员进行入党宣誓的场面。以视窗透视效果，再现历史原貌。场景里摆放的是党支部成员用过的箱子、桌子、茶盘以及农具等。青岛第一个农村党支部——浮山后村党支部实际起到了党的中心支部的作用，成为青岛早期党组织在市郊农村中的主要力量。

参观学习

同学们，为了更好地传承烈士精神，我们该怎么做呢？

你们活在我们的记忆中，我们活在你们的事业里！也许，岁月能改变山河，但历史将不断证明，有一种精神永远不会失落。崇高、忠诚和无私,将超越时空,成为人类永恒的追求。也许,时间会冲淡记忆,但人们决不会忘记为祖国牺牲的人们。他们的理想,他们的信念,使千万人的心灵为之震撼。也许战争的硝烟已离我们远去,但爱党、爱祖国的信念始终没有改变。

师:一个主题活动虽然很短暂,但是它留下来的很多,希望同学们在这个活动中能得到一些平时我们得不到的精神,将这种精神传承下去!

A:的确,我们一定要将这红色精神传承下去!

AB:清明时节缅怀先烈,红色精神我们传承! 本次班队会到此结束,谢谢大家!

红色精神,我们传承

伴随着下课的铃声,我们班召开的"清明时节缅怀先烈,红色精神我们传承"的主题队会结束了,然而孩子们依然沉浸在活动的气氛中,热情与凝重、激昂与奋发一直在他们中传递。活动虽然结束,但情感在漫延……看着孩子们的表现,我忽然感觉到几天来"无缝衔接"的付出是值得的,效果是意想不到的。

这是我第一个从一年级带到六年级的班级,或者也会是我最后一个从一年级带到六年级的班级。为了他们的成长,我真可以说"鞠躬尽瘁"。对于班级的活动,他们从"坐等机会"到"主动参与"再到"自主谋划",我是煞费苦心。看着他们上台时的镇定自若以及组织活动时的积极主动,虽然离我的目标还有一段距离,但就他们以前的水平来看,此时的表现已经是可圈可点。

令我感动的是孩子们活动前的准备。我和孩子们一起讨论,决定把本次活动分为三部分:追溯历史、缅怀先烈、传承精神,每个部结合其中的内容去做准备。

体育部追溯历史,从清明节的来历、习俗到现在节日的意义,后勤部和卫生部准备的是缅怀先烈这一部分。为了避免内容的重复,我们又具体细化了分工,卫生部着手准备的是著名战役和在战争中表现突出的英雄人物,卫生部则因为家里有老人参加了战役,而重点准备抗日及之前的战役,宣传部则主要负责整个活动的主持,但他们自己也加入了一些家中老人参加战役的故事,让整个活动非常充实。纪律部则主要寻找当代具有爱国精神的各行各业人士的资料,学习部的同学则代表学生一代的他们,将这种红色精神传承下去,集中去烈士陵园扫墓。每个部都围绕一个主题,各有分工,相互承接。

虽然大家讨论得非常细致清楚,但孩子们在准备时仍出现了一些小"插曲"。孩子们与家长们表现出来的精神与态度令我感动不已。举行活动的前一天晚上,纪律部的内容不合适。部长徐展宇为了找到符合本次主题的资料并做好课件,和妈妈忙到了半夜。宣传部的孩子们为了组织策划好本次活动,集体忙到10点多,然而没有一个孩子叫苦叫累。明宏、晨铭、昱霖为了让同学们能更深切地感受到战争的残酷,回家采访自己的爷爷和太爷爷……

更令我感动的是,孩子们在活动中表现出的那种肃穆与专注。活动中每个孩子都非常投入与专注,上台的落落大方与随机应变是以前所没有的。在一次次的活动中,孩子们得到了锻炼,也得到了成长。虽然过程是不易的,但确实告诉我们有付出就会有收获。在活动中,孩子们真切地感受到革命先烈的爱国之心,也真正意识到自己应该努力学习。

这让我想到了前几天看到的一篇题为"华为宣布,3988元!苹果傻眼,全世界都沸腾了!"的文章。这篇文章介绍了华为P30 Pro和P30手机的手机性能和标价,在国外卖高价,而在国内卖低价。这样的一篇文章看完后,感觉扬眉吐气,全身热血沸腾。就像文章中所说的那样,这标志着中国从国际通信时代的落后者、追赶者、模仿者成长为今天的领头人。全球最强暗光录像,无论白天黑夜,镜头前一切光明,黑暗中也能成就清晰大片,更可贵的是它让利于民,让利于中国人,这就是华为的情怀、华为的担当,也是华为的底气,这就是中国脊梁、中国精神!我不由得想起习近平总书记在2019年的新年讲话中说的——"这一年,中国制造、中国创造、中国建造共同发力,继续改变着中国的面貌"。

是的,中国的发展需要一代代人的努力,我们更应该从小做起,从小学习,做一个努力奔跑的追梦人,因为幸福都是奋斗出来的!这次的主题活动虽然结束,却给孩子们埋下了一颗努力学习、建设祖国的种子!

活动后,孩子们纷纷写了自己的感受。

学生一涵写道：

又是一年清明时。这周四我们班开展了"清明时节缅怀先烈，红色精神我们传承"的主题班队会。这次的主题班队会分为三个环节：追溯历史，缅怀先烈，发扬传承。

通过这次主题活动，我收获满满，颇有感触。在同学们的生动讲解中，董存瑞、邱少云、张自忠、赵一曼等英雄人物的红色故事无不在我的脑海中呈现，他们身上闪耀着舍生忘死、精忠报国的精神光芒。当同学们讲到日军用活生生的中国百姓做病毒实验，用坐老虎凳、趟刀座、竹签扎穿指甲等惨无人道的酷刑逼迫中国共产党说出绝密情报时，我不禁打了个冷战。英勇的中国共产党员在敌人的百般折磨逼问下，宁死不屈，只字不说。我不禁想：为了中华民族的存亡，毫不犹豫地挺身而出，把自己的生死置之度外，这需要何等的勇气与决心啊。

"伟大出自平凡，英雄来自人民。"就在上个星期，在梁山木里县的森林火灾中，27名森林消防员和3名地方干部群众为了人民的安全，献出了自己年轻而宝贵的生命。在他们最后的朋友圈中，我看到了他们不辞辛苦地跋山涉水，向火场进发。这难道不是我们要学习的红色精神吗？

主题队会完毕之后，我感到全身热血沸腾，一股热血从我心底迸发出来。我想到了习近平总书记曾说过一句话："一个有希望的民族不能没有英雄，一个有前途的国家不能没有先锋。"我们现在的美好生活是无数先烈用鲜活的生命为我们创造的。所以我们一定不要让英雄流血又流泪。追思过去，是为了更好地前行。对于先烈最好的缅怀就是继承烈士遗志继续奋斗！让我们一起为实现中华民族的伟大复兴而努力奋斗吧！

虹宇写道：

这次"清明时节缅怀先烈，红色精神我们传承"主题活动令我印象深刻，深受触动。革命先烈们用他们的生命换来我们现在美好的生活。

赵一曼烈士，抛下年仅一岁的幼子，投身革命事业中。被捕后，面对敌人的严刑拷打，她始终坚贞不屈。在牺牲前，她给儿子写了一封家书。家书中充满了对儿子浓浓的眷恋，愧疚与不舍。这样舍小家、为大家的革命先驱还有很多很多。他们爱自己的家人，但更爱自己的祖国，为祖国牺牲了宝贵的生命。

我们要传承革命烈士热爱祖国的精神，珍惜革命烈士用生命换来的美好生活，努力学习，掌握本领，将来为祖国的发展做出贡献！

学生展宇写道：

这次主题队会最让我感动的是，老师眼含泪花给我们讲述了最近发生的一个英勇悲壮的故事。前不久，四川凉山发生了山林大火，有400多名消防官兵奉命救火，在扑救山林大火的战斗中，有27名消防官兵及3名地方人员牺牲了。

我被他们可歌可泣的英雄事迹感动着，也流下了眼泪。这些官兵最小的才18岁，最大的只有38岁。他们为了国家的财产安全和人民的生命安全，临危受命，献出了自己宝贵的生命。他们不顾自己的生命，毫不犹豫地奔赴战场，不怕吃苦和牺牲。这种精神就是中华民族的灵魂，就是我们要传承的红色精神。我心中突然涌出一股爱国的情感，英雄们坚定的信念正是我们应学习的，正是我们应做到的。少年强则国强，少年智则国智，少年富则国富，复兴中华的希望就在于少年，我们一定要向这些英雄先烈们学习，让中华民族的红色基因代代相传，把我们的国家建设得更加强大。

是的，孩子们，未来属于你们，祖国母亲需要你们去建设！